KB141484

은퇴설계를 위해
정말 10억이 필요합니까?

일러두기

＊ 이 책의 3장 '본질적 관점의 은퇴 재무설계'는 권도형의 『돈 잘 쓰고 잘 모으고 잘 불리는 법』(한
스컨텐츠)의 내용을 발췌·수정·보완하였습니다.

＊ 이 책의 4장 중 '은퇴 후 직업설계가 핵심' 부분은 권도형이 『one hundred』(교보생명)에 기고하
였던 '인생 3막 일하는 노년이 아름답다'와 같은 내용입니다.

은퇴설계를 위해

정말 10억이
필요합니까?

권도형 지음

한스컨텐츠

돈을 넘어 삶의 은퇴설계로
공포를 넘어 희망의 은퇴설계로

공포 마케팅이 범람하는 은퇴설계 현장

한국 사회에서 '은퇴'라는 단어는 불안과 두려움의 상징이 되어버렸다. 은퇴 후 삶을 영위하기에 충분한 '자금'이 마련해야 하는데 그것이 쉽지 않기 때문이다. 엄청난 자녀 교육비를 비롯하여 현재 생활을 꾸려나가기도 버거운데 은퇴 후 수십 년을 위한 거금을 만드는 것은 불가능해 보인다. 그래서 그저 막막한 마음으로 손을 놓고 있다고 토로하는 분들을 자주 만날 수 있다.

이런 불안과 두려움은 어느 정도는 근거가 있다. 그러나 은퇴자를 대상으로 금융상품을 판매하는 쪽에서 증폭시킨 측면이 더 크다. 그들은 "100세 시대에 50대 초·중반에 은퇴해서 수입 없는 50년 가까운 세월을 살아가려면 10억 원 가까운 돈이 든다"고 말한다. 그리고 "그 자금의 상당 부분을 연금 등의 금융상품으로 해결하라"고 권한다. 그들의 말을 액면 그대로 받아들이면 허리띠를 졸라매고 현실의 고통을 감내하며 매월 힘에 부칠 정도의 돈을 연금에 부어 나가야 한다. 그것이 은퇴설계라고 한다.

전형적인 공포 마케팅이다. 그렇지 않아도 불안한 사람들에게 잔뜩 겁을 주어 판단력을 흐리게 한 상태에서 자기 상품을 팔아치운다. 은퇴설계와 관련해서 우리 사회 전체가 이 공포 마케팅의 덫에 빠져 있다. 10억 원이라는 어마어마하고 상징적인 금액은 은퇴를 앞둔 사람에게 경각심을 주는 차원을 뛰어넘는다. 누군가를 자포자기에 빠뜨린다. 또 다른 누군가가 장기적으로 감당하지 못할 잘못된 결정을 하게 만든다. 그리고 어떤 사람들에게는 돈만 있으면 은퇴설계가 끝난 것이라는 편협한 사고방식을 준다.

은퇴설계 공포 마케팅은 우리 사회 전체에 대한 모독이다. 은퇴자를 '긴 시간 빈둥거리며 소비에만 열을 올리는 무능한 사람'으로 치부한다. 사회 공동체가 가진 협력의 기능을 무시하고 공적연금과 복지제도를 별 의미 없는 것으로 폄하한다.

그러나 이는 사실이 아니다. 은퇴 세대들은 주된 직장에서 물러난 후 또 다른 현장에서 열심히 일한다. 잘 훈련된 합리적인 소비 기풍으로 돈에 억눌리지 않은 삶을 산다. 우리 사회 공동체도 은퇴 세대를 존중하고 협력한다. 다양한 지원 프로그램이 운영된다. 국민연금을 비롯한 공적연금 체계가 가동하고 있다. 지금도 그렇지만 앞으로도 그럴 것이다.

개인과 사회의 준비 정도가 완벽하다는 이야기는 아니다. 전혀 흡족한 수준이 아니다. 못마땅한 구석도 많다. 상당한 개선과 발전이 필요하다. 그러나 부족한 부분을 보완하고 발전시켜나가는 것은 그 가치를 부정하는 것과는 근본적으로 다르다.

은퇴설계의 새로운 기준

나는 이 책을 통해 우리 사회에 만연한 은퇴설계 공포 마케팅의 폐해를 지적했다. 공포 마케팅으로 왜곡된 은퇴설계가 어떤 결과를 낳는지, 그리고 그 논리적 허점이 무엇인지 등이 이 책 곳곳에 적나라하게 소개되었다. 그리고 이상적이며 합리적인 은퇴설계의 상을 제시하고자 무던히 애를 썼다. 먼저, 그 전체적인 방향만 소개하겠다.

첫째, 본질에 입각한 은퇴설계를 해야 한다. 은퇴자금이 중요한 것이지만 이는 결코 목적이 될 수 없다. 은퇴 후 삶에 대한 총체적인 계획을 세우고 이를 뒷받침하는 수단으로서 은퇴자금 마련을 해야 한다.

둘째, 긍정적 인식과 자신감을 회복해야 한다. 은퇴는 극적인 단절이나 상실이 아니라 자연스러운 인생의 과정이다. 위기와 어려움도 있지만 또 다른 기쁨과 의미, 기회도 찾아온다. 이런 긍정적인 인식을 바탕으로 자신감을 가져야 한다. 은퇴를 앞둔 사람과 우리 사회는 충분히 그것을 헤쳐나갈 저력을 가지고 있다. 지레 겁을 먹고 포기할 필요는 없다. 관건은 '얼마나 잘 준비하느냐'이다. 긍정과 자신감을 바탕으로 준비하면 된다.

셋째, 종합적인 준비를 해야 한다. '은퇴설계는 돈', '은퇴설계는 연금 설계'라는 편협한 프레임을 벗어나야 한다. 은퇴 후의 직업, 건강관리, 가족관계, 인간관계, 사회 참여와 봉사, 학습·연구, 집필·예술, 취미·여가, 영성과 가치, 소통 등 여러 측면에서 무엇을 어떻게 할지 분명한 계획을 갖는 것이 좋다. 그리고 이런 삶의 다양한 영역이 은퇴자의 철학과 가치, 목표를 중심으로 유기적 조화를 이루게 설계해야 한다. 계획은 충분히 구체적이어야 한다. '이렇게 살고 싶다'는 막연한 바람으로 끝나면 안 된다.

넷째, 무엇보다 중요한 것은 준비의 실천이다. 하면 된다. 준비하면 이룰 수 있다. 원하는 바에 완전히 미치지 못하더라도 비슷하게 다가갈 수 있다. 그러나 하지 않으면 아무 일도 일어나지 않는다. 준비하지 않으면 이룰 수 없다. 그러므로 준비해야 한다. 나는 은퇴 후에 그렇게 되기를 바라는 다양한 삶의 영역을 현재로 가져와서 지금 그렇게 살라고 권하고 싶다.

제2 활동기와 노년기를 분리해서 준비한다

은퇴설계 전반에 대해 공부하고 다양한 은퇴세대를 접하면서 흥미로운 사실 한 가지를 발견했다. 우리가 막연히 '은퇴 이후'라고 뭉뚱그려 부르는 시간이 실제로는 확연히 다른 두 시기로 나뉜다는 것이다. 한 시기는 주된 직장 퇴직 후 시작되는 '제2 활동기'이고 한 시기는 '노년기'이다. 사람마다 다르긴 하지만 한국 은퇴자들은 50대에 1차 활동을 끝내고 2차 활동으로 전환하여 20년 내외를 보낸다. 이 기간 그들은 충분히 건강하고 정열적이다. 그리고 우리가 '노후'라고 표현하는 시기가 찾아온다. 이때는 신체적·정서적·사회적·재정적인 도움이 필요하다. 물론 노년기를 겪지 않는 행복한 이들도 있다. 1차 활동기를 쭉 이어가며 임종까지 은퇴하지 않는 사람도 있다.

은퇴설계를 할 때도 이 두 시기를 분리해서 대응하는 것이 좋겠다. 제2 활동기를 염두에 둔다면 은퇴는 '물러남'이 아니라 '변화와 도전'이다. 그러므로 제2 활동기의 새로운 일과 생활을 위한 지식과 역량, 재원을 마련하는 것이 은퇴설계의 1차적 목표가 되어야 한다. 그리고 이른바 '노후준비'는 이와 분리해서 대응하는 것이 합리적이다. 이 책은 이런 발상을 근거로 쓰였다.

금융회사에 근무하며 은퇴설계에 관심을 두기 시작했다. 무엇인가 잘못되고 있다는 느낌은 드는데 그 실체가 막연했다. 집중적으로 은퇴설계를 파고들어 공부하면서 서서히 체계가 잡혔다. 무엇을 바로잡아야 하며 무엇을 새롭게 해야 하는지 조금씩 눈에 들어왔다. 나에게 실천과 결단의 순간이 찾아왔다. 나는 '한국 은퇴설계의 새로운 길을 제시한다'는 거창한 포부로 한국은퇴설계소를 설립했다. 그리고 일하며 공부했다. 직접 발로 뛰며 수많은 분을 만났다. 이 책의 그 과정에서 얻은 지혜의 산물이다.

거창한 포부와는 달리 이 책은 많이 부족하다. 이는 전적으로 나의 부족함 때문이다. 독자 여러분의 넓은 이해를 바란다. 다만, 이 책을 통해 은퇴설계에 대한 새로운 문제의식과 방향을 갖게 되기를 기원한다. 그러면 나는 더할 나위 없이 행복할 것이다.

2013년 10월
권도형

Contents

1장

10억의 공포를 넘어서라

은퇴자금
10억 원의 허상

누가 10억 원을 말하는가?

한 금융회사가 주최한 은퇴설계 세미나에 참석한 적이 있다. 늘 그렇듯 말쑥한 정장을 갖춰 입은 호감 있는 외모의 강사가 열변을 토했다. 그의 강의는 때로는 유머러스하고 때로는 진지하게 이어지며 청중을 끌어들였다. 표정과 어조만을 놓고 보았을 때 그는 한국 사회 고령화 현실을 진심으로 걱정하고 있는 듯했다. 적어도 그 자리에 모인 청중들만이라도 이 현실을 타파할 수 있도록 열과 성을 다 바치고 있는 것처럼 느껴졌다. 그는 말했다.

한국인의 평균수명이 얼마일까요? 예. 지금 79세입니다. 사고나 질병으로 일찍 사망하는 사람들까지 포함한 수치니까 특별한 재해를 겪지 않는 분들은 85세까지는 기본으로 사십니다. 그리고 현대 의학이 급속도로 발전하고 있습니다. 평균수명도 매년 늘고 있지요. 이제 100세까지는 산다고 보아야 할 겁니다. 정말 좋은 일이죠? 그런데 표정들이 왜 그러세요? 제가 그 이유를 맞춰보겠습니다.

한국 직장의 평균 은퇴 나이가 몇 세인지 아십니까? 53세입니다. 통계청에서 조사한 결과입니다. 그러면 54세에서 100세까지 47년을 수입 없이 살아야 한다는 이야기입니다. 수입 없는 장수 이거야말로 심각한 리스크입니다.

은퇴 후에 부부가 그냥 밥 먹고 살고 병원 조금 다니고 이렇게 기본적인 생활하는 데 월 180만 원이 넘게 듭니다. 단순하게 쓸만한 자동차를 몰고 여행도 조금 다니고 사회활동도 하면서 중산층 생활을 하려면 한 달에 300만 원은 있어야 합니다. 골프도 치고 모임에도 나가면서 품격 있는 삶을 유지하려면 최소한 월 500만 원이 필요합니다.

단순하게 계산해볼까요? 부유층은 그렇고 중산층 수준으로 은퇴 이후의 삶을 사려면 300만 원에 47년 즉, 564개월을 곱하면 됩니다. 16억 9,200만 원이 나오네요. 조금 과하다고요? 100세를 88세로 낮춰보지요. 필요자금도 조금 절약한다고 계산해서 250만 원으로 책정하죠. 그러면 월 250만 원에 420개월(35년)을 곱하면 10억 5,000만 원입니다. 이것이 현실적인 최소치입니다.

은퇴 후 부부가 중산층의 삶을 살기 위해서는 최소한 10억 원의 자금을 확보해야 합니다. 이게 현실입니다. 여러분은 어떠십니까? 준비가 충분하십니까?

이제 자식들의 부양을 바란다는 말은 코미디입니다. 다 아시죠. 대한민국 아들딸들은 그럴 능력도 없고 그럴 생각은 더더구나 없습니다. 기대지만 않아도 다행이죠.

우리나라 사회보장제도 또한 믿을 바 못 됩니다. 국민연금 이거 골치 아픕니다. 언제 고갈될지 모릅니다. 얼마 나오지도 않습니다. 그러니 은퇴준비는 철저히 여러분 개인의 몫입니다. 지금 바로 준비하셔야 합니다.

여기 30대도 많이 오셨네요. 조금이라도 빨리 시작할수록 좋습니다. 복리 효과 아시죠. 일찍 시작하는 것이 부담을 줄이는 최고의 방법입니다. 조금 늦은 분은 안타깝지만 해결책이 없는 건 아닙니다. 이제 특단의 조치를 취해야 합니다. 경각심을 갖고 깊이 생각하시고 선택하시기를 애타게 바랍니다.

그의 충격적인 강의가 끝나고 또 다른 강사가 나와 장기연금상품 몇 가지를 소개하는 순서를 진행했다. 몇몇 청중들은 깊은 인상을 받은 듯 보였다. 그도 그럴 것이 충분히 설득력이 있는 강의가 아닌가?

은퇴설계 세미나가 끝난 후 여러 명이 강사 주변으로 모여들었다. 자기 상황을 이야기하며 구체적인 조언을 구하기 위해서이다. 일부 사람들은 상담신청서를 작성해서 제출하고는 자리를 떠났다. 그 뒷모습은 하나같이 쓸쓸해 보였다.

10억 원의 진실

은퇴 후 기본적인 삶을 영위하기 위해 10억 원이 필요하다는 논리는 대개 이런 식으로 전파된다. 만약 앞에 나온 강사의 말이 옳다면 '10억 론'은 극히 현실적이며 바람직한 주장이다. 그러나 만약 강사의 말이 사실이 아니라면 '10억론'은 허황한 마케팅 구호에 지나지 않는다.

결론부터 말하자면 이 논리는 수많은 함정을 가지고 있다. 현실을 교묘하게 왜곡한다. 어떤 부분은 지나치게 부풀리고 어떤 부분은 턱 없이 축소한다. 그렇다면 왜 그렇게 하는가? 사람들에게 은퇴에 대한 공포를 불러일으키고 이에 편승해 자신의 금융상품을 판매하기 위해서이다. 이런 현실에서 은퇴설계 세미나의 상당수가 연금상품 안내로 마무리되는 것은 어쩌면 자연스러운 일일지도 모르겠다.

그들의 목표는 단순하다. 사람들이 합리적인 은퇴설계를 하도록 이끄는 것은 관심 밖의 일이다. 은퇴 관련 금융상품 판매가 유일한 목적이다. 거칠게 말하자면 은퇴를 준비하는 이들에게 10억 원이 절실한 것이 아니라 금융회사가 10억 원짜리 연금 판매를 욕심내는 것이다.

10억 원은 꽤 상징적인 숫자다. 부자의 기준으로 금융자산 10억 원을 제시하는 사람들도 많다. 10여 년 전부터 재테크 책 제목에 '10억 원'이라는 숫자가 자주 등장하고 있다. 이 10억 원이라는 금액은 어떤 합리적 근거보다 심리적 파급력이 더 큰 것 같다. 우선 '10'과 '억'이라는 숫자 자체가 꽉 찬 느낌을 준다. '백만장자'의 100만 달러와도 얼추 비슷한 금액이다. 그런데 이제는 이 금액이 은퇴준비 필수자금으로 거론된다.

나는 10억 원이 은퇴준비자의 목표와 처지에서 출발해서 합리적으로 책정된 금액이 아니라 금융회사들의 잇속에 따라 제시된 금액이라고 생각한다. 사람들의 심리를 잘 파고드는 10억 원이라는 금액을 미리 정해놓고 여기에 이리저리 계산을 짜맞춘 것이다. 당연히 억지 논리가 끼어들 수밖에 없다. 그런데 이런 억지는 은퇴라는 현실적 두려움 뒤에 교묘하게 숨어들어 그 모습을 감춘다. 전형적인 공포 마케팅이다.

요즘은 그 정도가 심해져 20억 원 이야기도 심심찮게 나온다. 반대로 사람들의 반발을 의식해 '5억 원'이나 '3억 원'을 말하기도 한다. 하지만 금융회사가 임의로 금액을 책정하여 여기에 따르라는 식으로 은퇴설계 방안을 제시한다면 이 모두가 공포 마케팅의 혐의를 벗을 수 없다.

이처럼 '은퇴자금 10억 원'은 사실적 근거가 희박한 공포 마케팅의 구호이다. 이는 은퇴자의 목표가 아니라 금융회사의 마케팅 컨셉일 뿐이다. 이 허구적 논리에서 벗어나야 진정한 은퇴설계를 할 수 있다.

합리적 은퇴설계를 가로막는
공포 마케팅

은퇴자금 10억 원의 허구

앞에 등장했던 강의를 떠올려보자. 그 논지는 간단하다.

- 100세까지 살아야 하는데 53세에 은퇴한다.
- 그래서 수입 없는 47년이 존재한다.
- 그 기간에 적어도 중산층 수준의 삶을 살려면 10~20억 원 정도의 자금이 필요하다.
- 자녀나 국가(국민연금)는 믿을 수 없으므로 지금부터 그 돈을 준비해야 한다.
- 장기연금이 효과적이므로 젊은 시절부터 준비하는 것이 좋다.

- 은퇴시기가 많이 남지 않았다면 뼈를 깎는 고통으로 큰 규모의 연금을 들어야 한다.

이런 주장들은 금융회사가 주최하는 은퇴설계 세미나에서 단골로 등장하는 이야기이다. 전체적으로는 그럴듯해 보인다. 그러나 찬찬히 생각하고 세부적으로 따져보면 앞뒤가 하나도 안 맞는다는 사실을 발견하게 된다. 이 책 전체에서 이런 논의의 허구를 자세히 밝히겠지만 여기서 간단히 몇 가지만 짚고 넘어가려 한다.

첫째, 이런 종류의 강의에서는 기대수명을 지나치게 높게 잡는다. 물론 평균수명이 늘고 있다. 그러나 통계청에서 발표한 생명표를 근거로 보면 2011년생이 100세까지 생존할 확률은 남자 1%, 여자 4% 정도이다. 90세까지의 생존율도 10% 안쪽이다. 100세 시대는 비유적인 말이지 현실적 통계가 아니다. 이런 상징적 숫자로 엄밀한 계산을 시도하는 것은 합리적인 태도가 될 수 없다. 100세 시대를 대비하는 것과 100세 수명에 맞추어 계산하는 것은 전혀 다른 방법론이다. 그리고 활동성이 강한 50~60대와 요양과 휴식기간인 80대 이후를 기계적으로 같이 보는 것 역시 일종의 넌센스다.

둘째, 은퇴 이후 생활비 계산에 명확한 근거가 없다. 금융회사마다 자기 나름의 지표를 가지고 생활비를 계산하는데 대체로 높은 쪽을 선택하는 경향이 있다. 그래서 현실과 괴리가 생긴다. 평균을 기초로 생활비를 이야기하는 것 자체에도 문제가 있다. 상황과 거주지, 소비 성향에 따라 소비 패턴이 어마어마한 차이를 보이기 때문이다. 나는 60대 후반의 노부부가 월 150만 원 내외의 수입으로 전혀 위축되지 않은 행복한 삶을 사는 사례를 자주 접하고 있다. 그러면 이런 행복한 노부부들을 소비 패턴이 특이한 극빈층으로 분류해야 할까? 그리고 아직 자녀가 독립하지 않았을 가능성이 큰 50대와 활동(그것이 생산이든 소비이든)이 거의 없는 80대 이후를 뭉뚱그려 생활비를 계산하는 방식 역시 큰 착오를 만든다.

셋째, 은퇴시기를 너무 앞당겨 계산하는 경향이 있다. 한국 직장의 평균 퇴직연령이 53세라는 지표는 통계청 조사결과로 나온 사실이다. 그렇지만 이는 과거 시점의 데이터이다. 정년이 연장되는 사회 추세와 전혀 맞지 않는다. 현재 일반 공무원의 정년은 60세이고 기업 정년도 60세로 법제화되었다. 53세 은퇴론은 한국인 대부분이 주된 직장에서 퇴직한 이후에도 경제활동을 계속한다는 사실을 간과하고 있다. 한국인이 경제활동을 완전히 그만두는 평균연령은 OECD 조사결과 70세 내외로 나타났다. 그런데도 공포 마케팅을 통해 금융상품을 파는 이들은 은퇴가 턱없이 빠른 것처럼 말한다.

넷째, 우리 사회 공동체의 역할을 폄하하고 있다. 은퇴 후 삶에서 가족 공동체, 지역 공동체, 종교 공동체, 국가 공동체 등이 차지하는 비중은 매우 크다. 경제생활에서도 마찬가지다. 부양의 수준까지는

미치지 못하더라도 꽤 많은 이들이 자녀로부터 경제적 지원을 받는다. 시급하고 어려운 일이 벌어졌을 때 의지할 수 있는 최고의 대상은 역시 가족이다. 직접적으로 일정액의 현금을 제공하지 않는 다른 사회 공동체들도 경제적 지원을 한다. 예를 들어 지역 복지센터나 종교기관 등에서 시행하는 각종 프로그램은 은퇴자들이 아주 낮은 비용으로 시간을 선용할 수 있도록 도와주고 있다. 즉 소비를 줄여주는 경제적 가치가 있다. 국민연금이 여러 면에서 실망감을 안겨주었지만 여전히 현존하는 것 중에서는 최고의 연금이다. 국민연금의 가치를 깎아내리는 금융회사 중 그 어느 곳도 국민연금 이상의 수익률을 제공하는 상품을 내놓지 못한다는 사실을 상기할 필요가 있다.

이처럼 중산층 수준의 삶을 살기 위한 최소한의 은퇴자금이 10억 원이라는 논리는 과장과 비약, 축소로 이루어져 있다. 근거와 논지가 잘못되었으니 결론이 엉터리일 수밖에 없다.

문제는 이런 잘못된 결론이 구체적인 은퇴설계로 이어진다는 것이다. 실례를 하나 들어보자. 현재 40세인 직장인 한 사람이 있다. 그는 매월 360만 원 정도의 급여를 받는다. 그의 아내는 전업주부이고 그의 급여가 가계 수입의 전부이다. 여유자금이 넉넉할 리 없는 형편이다. 그런데 그는 은퇴준비에 대해 걱정했다. 그래서 은퇴설계 세미나에 참석했고 앞에 등장한 내용의 강의를 들었다. 강의 내용과 결론에 동감한 그는 행동에 옮기기로 결심했다. 그는 은퇴 후 생활자금을 월

240만 원으로 책정하고 20년간 수령할 계획을 세웠다. 결론적으로 그는 앞으로 20년간 연 복리 3%의 연금상품에 매월 180만 원 가까운 돈을 꼬박꼬박 부어야 한다. 한마디로 현재 수입의 절반을 노후를 위한 연금으로 저축해야 한다는 말이다. 그가 이 버거운 연금을 얼마나 유지할 수 있을까? 만약 고통을 이겨내며 유지한다면 그동안의 삶은 얼마나 팍팍해질까? 이것이 정답일까? 무거운 마음으로 고민하지 않을 수 없는 현실이다.

공포 마케팅이 잘못된 은퇴설계를 부른다

백번 양보해서 10억 원이라는 과장된 금액이 은퇴 후의 냉혹한 현실에 둔감한 사람들에게 경각심을 주어 구체적인 준비로 이끄는 각성제역할을 한다면 그것도 그리 나쁘지 않다. 그러나 상황은 그렇게 전개되지 않는다. 세 가지 경우를 생각해보자.

① 은퇴를 목전에 두어 큰 금액을 적립할 시간적 여유가 없거나 현재 경제사정이 좋지 않은 사람들, 10억 원이 아니라 그 10분의 1도 준비할 여력이 없는 사람들에게 10억 원은 절망의 숫자다. 은퇴준비 세미나 등에 참석해서 강의를 들은 사람 중 일부는 자신이 엄두조차 낼 수 없는 금액에 좌절해서 은퇴설계 자체를 포기하고 만다. 이것은 자신보

다 형편이 나은 남의 일이라고 여긴다. 은퇴설계의 필요성을 강조한 결과가 은퇴설계 포기로 나타난 경우이다.

② 이보다는 좀 더 사정이 나은 사람은 큰 결심을 하고 은퇴준비를 위한 금융상품(주로 연금상품)에 가입한다. 사정이 빠듯해도 밝은 미래를 위해 현재를 희생하리라 결심한다. 그러나 현실은 녹록하지 않다. 허덕거리며 매월 돈을 붓다가 어느 순간 힘에 부쳐 포기하고 만다. 중도해약으로 빚어진 손실이 커도 어쩔 도리가 없다. 이 순간 힘겹게 꾸려오던 은퇴 후 계획은 물거품이 된다. 과도한 은퇴자금 플랜이 그 사람의 현재를 피폐하게 만들고 결국 미래 계획도 엉망으로 만드는 불행을 낳았다.

③ 훨씬 경제적 여건이 좋은 사람이 있다. 현재 상당한 금융자산과 부동산도 있다. 매월 내야 하는 연금도 전혀 부담스럽지 않다. 그의 재무상태를 진단하고 연금계약을 끝낸 재무설계사는 "이제 행복한 노후를 꾸릴 일만 남았다"고 치켜세운다. 한껏 고무된 그는 자신의 은퇴설계가 충분하다고 생각한다. 그래서 더는 다른 영역을 준비할 필요가 없다고 느낀다. 이 순간 그에게 종합적 은퇴설계는 별로 중요하지 않은 것으로 간주된다. 골치 아픈 은퇴설계에서 해방되었다고 여기는 그 사람은 돈 외에 은퇴를 위한 준비는 전혀 하지 않게 된다. 돈이 전부라

는 식의 편협한 은퇴설계가 종합적 은퇴설계를 가로막는 역효과를 일으킨 경우다.

위 세 경우는 은퇴설계에 대한 공포 마케팅이 불러오는 부작용의 전형이다. 금융회사들이 지금 공격적으로 진행하고 있는 공포 마케팅은 은퇴자금(그조차도 잘못 설계된)에만 초점을 맞춘다. 그리고 은퇴준비자가 금융회사가 만들어놓은 잘못된 프레임 안에 머물도록 유도한다. 그 결과는 앞의 세 가지 경우에서 보듯 좌절, 중도포기, 태만으로 나타난다. 이것은 본격적인 고령화 사회로 진행되는 한국에서 참담한 일이다.

자신의 목표와 여건에 맞는 입체적이고 합리적인 은퇴설계를 하고 성실히 준비함으로써 행복한 은퇴 이후를 살아야 할 사람들이 엉뚱한 곳에서 헤매도록 방치해서는 안 된다. 금융회사의 공포 마케팅이 만들어낸 왜곡된 프레임을 허물어야 한다. 공포의 이면에 은폐된 사실을 들추고 현실성 있고 균형 잡힌 은퇴설계를 시작해야 한다.

이상한
계산기

예상 수입은 줄이고 예상 지출은 늘리는 은퇴설계

은퇴준비자를 대상으로 한 공포 마케팅의 큰 특징은 예상 소비금액
은 더 크게 부풀리고 예상 수입은 줄이는 데 있다. 그래서 예상 수입
과 예상 소비액 사이의 차이를 크게 부각한다. 왜 이런 식으로 할까?
이유는 간단하다. 그래야 이 사람에게 필요한 금융상품 규모가 커지
기 때문이다. 구체적인 사례를 통해서 보자.

나에게는 중견기업의 무역팀장으로 근무하는 선배 한 사람이 있다.
현재 45세인 그에게는 전업주부인 아내와 초등학교 6학년인 딸, 4학년
인 아들이 있다. 연봉은 5,000만 원이 조금 넘는데 매월 급여 실수령
액이 400만 원 내외이다. 집값 대출금 갚고 아이들 학원 보내고 기본

생활을 하면 저축할 돈이 얼마 남지 않는 상황이라고 한다.

이 선배는 요즘 은퇴에 관한 고민이 한창이다. 얼마 전 정년 60세 연장법이 통과되어 자신도 60세까지 이 직장에서 근무했으면 좋겠는데 그것이 쉬울지 걱정스럽다고 했다. 60세가 되어도 큰딸이 스물여덟이고 아들은 스물여섯이다. 그때 대학 공부나 다 마쳤을지, 결혼과 독립은 어떻게 시킬지 막막하다. 더구나 제대로 된 개인연금도 하나 없는데……. 걱정스럽기 그지없다. 때마침 그 선배는 친구의 소개로 금융회사 소속의 재무설계사를 만나 상담을 받아보기로 했다. 그러나 재무설계사의 말은 선배의 마음을 한층 더 무겁게 했다.

많이 늦으셨네요. 지금이라도 시작하기로 결심하셨으니 그나마 다행입니다. 현실적으로 볼 때 55세에는 은퇴하신다고 계획하셔야죠. 요즘 다 그렇잖아요. 몇 푼 되지도 않지만 그나마 국민연금이라도 타시려면 65세는 되어야 하니까 10년 정도 절벽이 생기네요. 이것부터 심각하게 대비하셔야 합니다. 그 이후도 준비하셔야 하고……. 일단 55세부터 65세까지 10년간 탈 연금과 그 이후 연금이 필요하네요. 지금 정도의 생활을 누리시려면 최소 월 300만 원은 필요한데 퇴직연금도 있으니 200만 원을 기준으로 하고요. 물가 변동을 생각하지 않고 단순히 살펴보겠습니다.

먼저 퇴직부터 65세까지 10년 동안 탈 연금저축을 지금부터 10년간 월 110만 원(연 복리 3.5% 기준)씩 넣으시고요. 65세부터 90세까지 탈 연금을 지금부터 20년간 월 60만 원(연금보험, 연 복리 4% 기준) 준비하셔야 합니다. 그때부터 국민연금이 나오니까 월 120만 원 타는 정도로 보시면 됩니다. 부담스러우시더라도 그 정도는 하셔야죠. 모든 지출을 줄여 노후를 대비하셔야 합니다. 자녀교육보다 부부의 노후가 더 우선입니다. 줄일 수 있는 부분은 다 줄이시고 수입 없는 시기에 대비하십시오.

지금부터 10년간은 매월 170만 원, 그 후 10년간은 60만 원씩 부어야 한다는 결론이다. 이것이 과연 합리적일까? 제대로 된 계산이기는 한 걸까?

상담의 내용이 사실이라면 이 선배에게는 두 가지 길이 있다. 하나는 '될 대로 되라'는 식으로 포기하는 것이다. 이런 수준의 연금 납입은 사실상 불가능하다. 다른 하나는 재무설계사의 제안을 받아들이는 것이다. 연금 액수를 조금 조정하더라도 생활비를 대폭 줄여 버겁게 연금을 부어나가야 한다. 이런 경우 십중팔구는 중도포기하기 마련이다. 납입 능력 즉, 현금흐름을 고려하지 않은 무리한 설계이기 때문이다. 중도포기는 손해를 불러온다. 대표적인 예로 장기연금상품의 특성상 10년 이상 납부하지 않으면 비과세 혜택이 사라진다. 연금 플랜이 중단되면 은퇴자금준비가 엉망이 된다. 초인적 인내심을 가지고 연금을 유지하는 경우도 불행하긴 매한가지다. 미래를 위해 감내하기 힘든 고통과 희생을 짊어지고 가야 하기 때문이다.

긍정적 합리성의 회복

그렇다면 과연 이 선배는 재무설계사가 제안한 정도의 연금을 부어야만 바람직한 은퇴설계가 가능할까? 다른 방법은 없을까? 그 선배는 내가 은퇴설계연구소를 열었다는 소식을 듣고 반가운 마음에 우리 사무실을 찾았다. 나는 먼저 그 선배의 계획이나 상황에 대해서 상세한 이야기를 들었다.

결론적으로 말해서 은퇴 이후를 대비해서 아무것도 준비하지 못했다는 그 선배의 자책감은 과도한 것이었다. 그가 열심히 일하는 사이 기본적인 은퇴준비가 되어 있었다.

우선 그는 성실한 태도와 업무 전문성을 바탕으로 정년까지 일하려는 의지가 있었고 이것을 위해 착실히 준비하고 있었다. 그리고 은퇴후 10년 이상 공단 내에서 무역 파트가 부족한 중소기업들의 업무를 대행하는 아웃소싱 프리랜서로 활동한다는 계획을 세워두고 있었고 이미 공부를 하고 인맥을 쌓는 등 관련된 준비를 하고 있었다. 이는 꽤 현실성이 있어 보였고 고정비 투자가 거의 없어서 리스크도 낮았다.

재무적인 부분의 준비도 절망적인 상황은 아니었다. 우선 국민연금과 퇴직연금이 있었다. 이 선배는 65세부터 매월 110만 원(현재 가치 기준) 정도의 국민연금이 나오고 퇴직 직후부터 월 70만 원 가까운 퇴직연금을 받을 수 있다. 65세 이후 부부가 작은 집으로 옮겨서 책 읽고 봉사활동을 하면서 살겠다는 바람을 이루기에는 그리 부족한 수준이 아니다.

다만 정년 이후 국민연금을 받게 될 때까지 5년간의 공백이 있다. 더 일하겠다는 계획을 세우고 준비하고 있지만 여의치 않은 경우를 대비해야 한다. 불행히 정년보다 더 일찍 퇴직할 수도 있다. 두 자녀의 결혼과 독립을 위한 자금도 일정 정도 필요하다.

분석해보니 15년간 1억 원 정도의 자금을 만드는 것이 효과적으로 보였다. 연금보다는 단기 금융상품으로 목돈을 만들고 이것을 다양한 방법을 통해 운용하는 것이 더 낫다는 판단이었다. 이것을 위해 필요한 저축액은 매월 50만 원이 조금 안 된다. 크게 무리한 액수가 아니라 조금씩 준비할 수 있다. 여기에 덧붙여 치료비가 많이 들거나 간병이 필요한 질병, 갑작스러운 사고 등 리스크에 대비해서 보험을 들어두는 것이 안전한 선택이 될 것이다.

그 선배는 내 처방을 매우 만족스럽게 생각했다. 괜히 막연한 공포에 휩싸여 있었던 것이 후회스럽다고 말했다. 과도한 연금 때문에 시간과 열정을 쏟는 것보다는 장기적인 직장생활과 직업설계를 위해 투자하는 편이 훨씬 더 효율적이라는 지적에도 수긍했다.

이 선배의 경우는 똑같은 사람의 은퇴설계가 얼마나 다르게 나올 수 있는지를 보여주는 생생한 사례이다. 참으로 이상한 계산방식이 난무하고 있다. 은퇴 후 예상 수입은 줄이고, 예상 지출은 늘리는 방식으로 은퇴자금을 과다계상한다. 주축이 되어야 할 국민연금, 퇴직연금 등의 기본 연금 비중도 축소한다. 은퇴 후 경제활동 가능성도 일축해버린다. 그리고 당사자의 현금흐름보다 과도하게 설계된 필요자금에 맞추어 연금을 권한다.

이런 식의 은퇴설계가 주류가 된다면 은퇴설계를 포기하거나 합리적인지 못한 설계로 고통받는 사람이 더 늘어날 것이다. 은퇴설계란 말 자체가 우리 사회에서 불신의 대상이 될 것이다. 겁주기는 은퇴설계가 아니다. 나쁜 상술일 뿐이다. 이제 겁만 주는 이상한 계산기는 치워버리고 자신감과 구체적인 준비계획을 줄 수 있는 합리적 은퇴설계의 단계로 나아가야 한다.

왜 공포 마케팅이
범람하는가?

나의 연금 수령보다 연금 가입에 더 많은 관심을 두는 사람들

여러 부작용이 있음에도 왜 은퇴설계에 관한 공포 마케팅이 범람하게 되었을까? 금융회사와 금융 종사자들, 금융상품이 모두 사악하기 때문일까? 전혀 그렇지 않다. 은퇴준비에 관한 제도나 금융상품 자체에는 아무런 문제도 없다. 관련 종사자들 역시 대부분 선량한 사람들이다. 그런데 어디에서 문제가 발생할까? 그것이 운용될 때 빚어지는 현실적 이해관계와 그 틀 속에서 생긴 특유의 메커니즘이 작동하면서 공포 마케팅이 난무하는 현실이 초래되었다.

근본적으로 말하자면 나에게 은퇴준비를 권하고 은퇴설계 방안을 제시하는 사람이 최대의 관심을 두어야 할 부분은 내가 나중에 연금

을 수령하며 그 돈을 바탕으로 행복한 생활을 영위하는 것이다. 그러나 현실은 그렇지 않다. 10년 후, 혹은 20년 후 내가 연금을 탈 상황보다는 내가 지금 연금에 가입하는 것, 그것도 높은 액수의 연금에 가입하는 것이 주 관심사가 된다. 그것이 금융회사가 소속 직원들을 평가하고 급여를 주는 유일한 기준이다. 미래를 대비하라고 부르짖는 사람들이 정작 자신들은 지금 당장의 이해관계의 덫에 매여 있는 것이다. 그래서 장기적 유지 가능성, 리스크, 합리성 등이 곧잘 무시된다.

내가 꼬박꼬박 연금을 잘 내고 진짜 필요한 시점에 연금을 타는 것이 목표가 된다면 수입의 절반 가까운 금액으로 연금을 내라는 황당한 제안은 하지 않을 것이다. 현실의 가치와 또 다른 투자의 필요성을 망각한 채 연금에 올인하는 삶을 살라는 해괴망측한 논리를 펼치지도 않을 것이다.

우리나라에는 수많은 재무설계사가 있다. 그런데 대부분이 금융상품을 만들고 판매하는 금융회사 소속이다. 이 재무설계사의 수입은 해당 상품을 판매하고 일정 기간 유지할 때 받는 수수료이다. 즉, 금융상품 소비자가 아니라 금융회사로부터 수입을 얻기 때문에 회사의 이해관계에 철저할 수밖에 없다.

조금 더 진전된 형태로 GA(General Agency)를 들 수 있다. 이들은 특정 금융회사에 얽매이지 않고 여러 회사 금융상품을 비교해서 판매하는 조직이다. 금융회사로부터 판매 수수료를 받는 기본 구조는 특정 회사에 소속된 재무설계사와 크게 다르지 않다. 그러나 그 회사 이해관계에 완전히 종속되지 않고 고객 기반을 중요시한다는 점에서는 차이점이 있다. 이들은 고객의 선택 권익을 고려할 가능성이 더 크다. 하지만 나는 이보다 더 발전해야 한다고 생각한다.

고객에게 자문 수수료를 받고 고객의 투자가 성공했을 때 수익을 배분하는 방식의 독립 재무설계사가 많이 양산되어야 하고 그런 방식이 재무설계, 은퇴설계, 금융상품 판매의 주류가 되어야 한다고 본다. 내가 연구소형 회사를 만들어 은퇴설계에 관한 새로운 시도를 하는 것도 같은 맥락이다.

어쨌든 은퇴를 대비해 재무설계 상담을 받을 때는 이 사람의 관심이 내가 연금을 받을 가능성을 높이는 쪽에 있는지, 아니면 지금 당장 큰 금액의 연금에 가입시키는 데 있는지를 세심히 살펴야 할 것이다. 긍정적 태도로 나의 현금흐름을 중요시하고 유지 가능성과 리스크를 고려하는 사람일수록 연금 수령에 더 많은 관심을 가지고 있다고 볼 수 있다.

해약이익의 함정

대표적인 연금상품으로 생명보험회사와 손해보험회사가 판매하는 연금보험이 있다. 이는 장기간 납입 후 종신이나 약정된 기간 동안 연

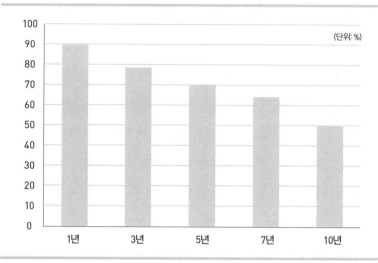

생명보험사 연금보험 유지율

(단위: %)

자료 출처: 한국경제신문

금을 받는 형식의 상품이다. 그런데 이런 연금보험의 유지율이 얼마나 될까?

2012년 12월을 기준으로 볼 때 생명보험회사 연금보험을 10년 유지하는 비율은 49.7%이다. 절반이 채 안 된다. 손해보험사는 더 심각하다. 10년 유지율이 37.8%에 불과하다. 이것은 절반 넘는 사람들이 연금보험의 취지에 따른 혜택을 보지 못하고 중도에 포기한다는 의미이다. 엄청난 손실이 아닐 수 없다.

나는 연금보험상품 판매를 할 때 장기 유지 가능성에 중점을 두지 않았기 때문에 이런 참극이 벌어지고 있다고 생각한다. 즉, 고객이 연금을 타는 것보다 연금에 가입하는 것에 더 관심을 두었기 때문에 이런 안타까운 현실이 반복되고 있다고 본다.

그런데 연금보험상품 중도해약으로 생기는 손실은 고스란히 가입자가 떠안는다. 보험회사는 손해 볼 일이 없다. 심지어는 이익까지 얻는다. 이것을 해약이익이라고 한다.

먼저 보험료 구조를 보자.

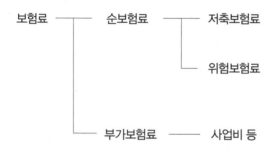

보험회사는 연금보험 보험료를 책정할 때 사업비를 포함한다. 이것은 재무설계사들의 모집수당 등 보험 판매와 영업, 관리 등에 소요되는 영업비용의 성격을 지닌다. 그런데 가입자가 조기에 연금보험을 해약하면 보험회사는 사업비를 제외한 금액을 돌려줌으로써 차액만큼 이익을 얻는다.

먼저 해약공제를 통해 이익을 얻는다. 미래에 뗄 것이라고 책정했던 사업비를 조기해약 시 한꺼번에 떼는 것이다. 즉 끝까지 유지할 때 받을 것으로 예정되었던 금액을 해약 때 한 번에 받음으로써 이익을 얻는다. 그리고 재무설계사에게 모집수당으로 지급한 금액을 환수함으로써 이익을 얻는다.

보험회사 입장에서는 고객이 연금보험을 중도에 해약하는 것이 오히려 득이 되는 구조다. 연금보험에 가입하는 사람들은 이런 해약이익의 함정에 빠져서는 안 된다. 은퇴 후를 대비해 현실을 저당 잡혀 납입한 피땀 어린 연금보험료가 보험회사의 주머니로 흘러 들어가도록 방치하는 일을 그쳐야 한다.

공포 마케팅에 겁을 집어먹고 무리한 설계를 했을 때 빚어지는 손실은 고스란히 가입자 자신의 몫이다. 그리고 누군가는 내 손실을 이익으로 챙긴다. 진심으로 내 은퇴 후를 걱정하는 듯 보이는 그들은 실제로는 내 은퇴 후에 대해 별 관심이 없다. 오히려 내가 무리한 은퇴설계를 하며 착오를 겪기를 바라는 형국이다.

은퇴설계에서 공포 마케팅이 범람하는 이유가 바로 여기에 있다. 해결책은 단순하다. 공포에서 벗어나 객관적으로 현실을 보는 것이다. 은퇴자금준비 위주로 편중된 은퇴설계를 극복하고 종합적인 관점에서 은퇴설계를 하고 여기에 맞춰 차근차근 준비하는 것이 최고의 대안이다. 이 책에 그 구체적인 방법과 사례가 소개되어 있다.

절망의
은퇴설계

GA법인의 지점장으로 근무할 때의 일이다. 나는 고객의 요청으로 한 기업의 은퇴예정자를 대상으로 한 세미나를 준비하고 있었다. 정년퇴직을 2~3년 앞둔 분들이 참여하는 프로그램이었다. 나는 탁월한 재무설계 강연으로 주가를 올리고 있던 한 분에게 강의를 부탁했다. 그때 그 사람의 반응이 아직도 생생하게 기억난다.

나는 못할 것 같습니다. 아니 누구도 할 수 없을 겁니다. 한마디로 아무런 대안이 없습니다. 당연히 할 이야기도 없습니다. 정년퇴직을 코앞에 두고 무엇을 어떻게 준비할 수 있겠습니까? 대개 이런 분들은 집 한 채

외에는 아무런 재산도 없고 줄줄이 큰돈 들어갈 일만 남겨두고 있습니다. 합리적 대책을 세울 여유도 없고 할 수 있는 일이 없습니다.

한순간 숨이 막혔다. 대책이 없다니 그래서 강의할 것이 없다니……. 그것도 자칭타칭 최고 전문가라는 사람이 말이다. 나는 두어 차례 그를 설득하려 했지만 워낙 태도가 완강해서 결국 포기하고 말았다. 나는 과연 그의 말이 맞는지 실제로 조사해가며 직접 강의를 준비하기로 했다. 교육 프로그램을 성사시키는 것도 중요하지만 정년이 몇 년 안 남은 사람은 은퇴설계를 엄두조차 낼 수 없다는 전문가의 말을 받아들이기 힘들었기 때문이다. 내가 은퇴설계의 세계로 본격적으로 접어들기 시작한 것이 바로 그날이다.

금융전문가, 직업 전문가를 비롯해서 몇 년 전 정년퇴직을 한 분들, 은퇴 후 생활을 10년 이상 한 분들 등 다양한 사람을 인터뷰했다. 그 강사의 말과 실제는 판이했다. 오히려 정년을 2~3년 앞둔 시점이 은퇴설계에서 가장 중요한 시기이며 이때 더 많은 조언이 필요하다는 결론이었다. 다양한 분야에서 구체적으로 준비해야 할 많은 일이 있었으며, 특히 효과를 볼 수 있는 분야도 많았다. 강의를 통해 이에 대해 구체적으로 지적할 필요성이 떠올랐다.

왜 그 전문 강사는 은퇴를 목적에 둔 사람들에게 대책도 없고 알려줄 것도 없다고 했을까? 짐작하건대 그 당시 통상적인 은퇴설계 세미나의 스타일과 깊은 영향이 있는 것 같다. 주로 30~40대를 대상으로 장기연금의 필요성을 역설하는 강의가 많았는데 정년퇴직을 목전에 둔 사람에게 이런 형식의 강의는 의미가 없다. 정확히 표현하면 '강의할 거리'가 없는 게 아니라 '판매할 상품'이 없었던 것이다. 은퇴설계를 은퇴자금 마련에 한정해서 생각하는 사고방식도 이런 경향에 한몫 더했다.

은퇴까지 시간이 얼마 남지 않은 사람들, 현재 여유자금이 그리 많지 않은 사람들일수록 은퇴설계가 더 절실하다. 그런데 이들에게는 해줄 말이 없다고 한다면 이는 모순 중의 모순이다. 소위 전문가라는 사람들이 현실의 이해관계와 낡은 프레임에서 한 발짝도 벗어나지 못한 채 편중된 은퇴설계론만 부르짖는 것이다. 안타깝게도 이런 경향은 아직도 남아 있다.

은퇴 이후의 행복한 삶을 위해 적어도 10~20억 원이 필요하다는 이야기, 그래서 특출한 부자가 아니라면 30대부터 큰 금액의 연금을 부으며 미리 준비해야 한다는 주장은 그렇지 못한 사람들에게 절망을 불러일으킨다. 마치 이것이 은퇴설계의 전부인 것처럼 말하며 공포 분위기를 조장하는 경향에서 절망은 더 깊어진다.

은퇴준비자금을 좀 더 작게 줄여서 예를 들어 5억 원이나 3억 원을 이야기하더라도 마찬가지다. 일정액의 자금이 필요하다는 말은 당장 그 자금이 준비되었거나 아니면 그 자금을 모을 시간이 필요하다는 의미이다. 그럴 여건이 안 된다면 은퇴설계가 불가능한 것인가? 그러면 한국 사회의 수많은 이들은 은퇴설계를 포기해야만 하는가?

절망을 넘어 본질과 합리성의 회복으로

절망의 결과는 치명적이다. 절망은 또 다른 절망을 부른다. 그리고 그것을 더욱 증폭시킨다. 목표와 희망을 잃고 아무런 준비도 하지 않게 유도한다. 절망은 현재까지 나의 준비 정도가 부족했다는 사실을 인정하는 태도와는 근본적으로 다르다. 절망한 사람은 아무것도 하지 않거나 파괴적 행동을 하지만 부족함을 객관적으로 인식한 사람들은 그것을 메우기 위해 노력하기 때문이다.

언제까지 얼마의 자금을 마련하지 못하면 실패한 은퇴설계라는 합리적인 수치는 없다. 즉 은퇴자금에 낙제점은 없다. 이는 앞에서 말했듯 금융회사들이 상품을 팔기 위해 만들어낸 가상의 숫자이다. 필요한 자금은 사람마다 그리고 상황마다 다르다. 늘릴 수도 있고 줄일 수도 있다. 그러니 다소 늦었더라도 현실적인 목표를 세워서 은퇴설계를 할 수 있다.

나는 잘못된 은퇴설계 담론에 막혀 절망의 목소리를 내는 사람들을 의외로 자주 접한다.

"아무 대책 없습니다. 매주 로또나 사고 있습니다."

"그때 가서 생각하죠. 지금 딱히 할 일도 없지 않습니까?"

"은퇴설계, 그건 다른 사람들 이야기입니다. 나 같은 사람하고는 상관 없습니다."

"한숨만 나옵니다. 비참해질 때 죽으면 되겠죠."

참으로 답답한 현실이다. 그러나 포기와 한숨은 어떤 경우에도 답이 될 수 없다. 은퇴설계는 '지금 이 자리'에서 '나'를 중심으로 이루어져야 한다. 출발점이 험난하다 해도 합리적으로 준비함으로써 더 나은 미래를 만들 수 있다.

우리 연구소의 컨텐츠사업부문 연구원 중에는 고등학교 1~2학년 시절 심한 방황을 한 사람이 하나 있다. 그는 고3이 되던 봄 이제라도 입시준비를 시작해야겠다고 결심했는데 주위에서는 "이미 늦었다"는 이야기뿐이었다고 한다. 집에서는 재수는 꿈도 꾸지 말라고 하고 열 달도 안 되는 시간 동안 뭘 할 수 있는지 막막하기만 했다.

그는 담임선생님에게 면담을 신청했는데 그분의 처방이 절묘했다. 국어, 영어, 수학 참고서의 특정 부분(쉬운 단원)을 뜯어내더니 이것만 반복해서 공부하라고 했다. 그리고 그 외 과목들은 부족한 기초를 극복할 수 있으니 만점을 받을 수 있게 열중하라고 조언했다. 담임선생님은 현실적인 목표를 세우고 지금부터 차근차근하면 될 수 있다고 격려했다. 그러면서 공부 습관도 안 잡혔는데 4당 5락이니 하는 초인적 노력을 하려 들지 말고 할 수 있을 정도로 하면서 포기 없이 꾸준히 공부하라고 덧붙였다.

담임선생님의 충고대로 공부한 그 연구원은 그해 입시에 성공했다. 지금도 그는 그때의 경험을 되살려 "지금 이 자리에서 최대한 효율적인 준비를 시작하면 현실적 목표치를 이룰 수 있다"는 이야기를 기회 있을 때마다 한다.

예순의 나이에 개인 파산 신청으로 은퇴설계를 시작한 사람도 있다. 누가 보더라도 절망할 만한 상황이었지만 그는 포기하지 않았다. 그 대신 현실을 있는 그대로 받아들였고 그 바탕에서 미래 계획을 세웠다. 가족들에게 솔직히 상황을 설명하고 사과하며 희생과 노력을 함께할 것을 부탁했다. 그리고 절망하지 않는다면 험한 세월이 오래가지 않을 것이라며 자신을 곧추세웠다.

그의 긍정적인 태도와 성실한 노력은 주변 사람들의 마음을 열었다. 무너진 신뢰를 다시 일으켜 세웠다. 자신을 파산으로 몬 한방주의를 버렸고 작은 리스크도 예민하게 대응하는 사람으로 변모했다. 그는 차근차근 경제력을 회복했고 몇 년 지나지 않아 작은 가게를 시작할 수 있었다. 예순다섯의 그는 작은 가게를 알차게 운영하며 가족과도 화목하게 생활하고 사회봉사에도 열성이다. 최소한 앞으로 5년, 건강이 허락한다면 15년까지는 활기차게 활동할 수 있으리라 믿고 있다.

늦게 입시준비를 시작한 우리 연구소 연구원이 SKY급의 대학에 진학할 수 없다면 실패라고 규정하고 입시를 포기했다면 어땠을까? 예순 나이에 파산을 겪은 불행한 분이 앞으로 더 좋아질 것이 없다고 그 자리에서 주저앉았다면 이후 어떤 인생을 살게 되었을까?

절망은 은퇴설계의 강력한 적이다. 절망을 불러일으키는 목소리에 휘둘릴 필요는 없다. 지금 자신의 자리에서 작게라도 시작하면 된다. 그것이 최선의 선택이다.

부담스러운 은퇴설계

모 아니면 도

한 기업이나 기관 전체의 은퇴설계 컨설팅을 진행하다 보면 한 가지 흥미로운 현상을 발견하게 된다. 한 조직에 근무하는 같은 연배의 사람들이라도 은퇴준비 정도의 격차가 심하다는 사실이다. 거의 극단적인 차이를 보이는 경우가 많다. 경제력이 비슷한 사람들이지만 어떤 이는 과하다 싶은 금액의 연금을 들고 있고 어떤 이는 아예 개인적인 준비가 없다. 중간 수준은 찾아보기 힘들다. 모 아니면 도라는 식이다.

왜 이런 현상이 생기는지 생각해보니 당연히 그럴 수밖에 없는 현실이 조성되어 있다는 판단이 들었다. 일단 은퇴설계를 하겠다고 결심을 하고 목표 액수를 정할 때 금융회사의 공포 마케팅으로 과다하게 계산된 금액을 선택하는 경향이 많은 것이다. 이와 반대로 이 금액이 자신에게 불가능하다고 느끼는 사람은 아예 엄두조차 내지 않는다. 여기서 모 아니면 도의 극단적인 차이가 발생하는 것이다. 즉, 높은 금액의 연금을 내는 쪽과 아예 준비하지 않는 쪽의 두 극단만 존재하게 된다.

그런데 매월 연금을 넣으며 은퇴를 준비하고 있는 사람의 납입액이 지나치게 크다면 좋지 않은 결과가 생기기도 한다. 여기서 한 가지 질문이 등장할 수 있다.

"저축이 많은 것이 뭐가 문제냐? 과도한 은퇴준비라는 말 자체가 어불성설이 아닌가?"

일면 타당한 지적이다. 나중에 타게 될 연금이 없거나 적으면 문제다. 하지만 연금액을 높이는 일에 굳이 딴지를 걸 필요는 없는 것 같아 보인다. 그러나 현실에서 벌어지는 일들을 냉정하게 바라보면 전혀 그렇지 않다.

은퇴준비를 위한 금융상품 대부분은 장기연금이다. 적어도 10년 이상 꾸준히 넣어야 은퇴 후에 연금다운 연금을 받을 수 있다. 그런데 꾸준히 내기가 쉽지 않다. 심리적으로 지루한 것은 넘어간다 하더라도 납입기간 중 무슨 일이 생길지 알 수가 없다. 가입 당시에는 충분히 가능했던 금액도 몇 년 지나지 않아 수입이 줄거나 지출이 늘어나면 버거워질 수 있다. 적절하게 설계해도 이런 변수 때문에 포기하는 경우가 비일비재하다. 그런데 처음부터 버거운 수준의 금액을 정하면 오래 유지하기가 힘들다. 물론 연금상품의 납입중지나 중도인출 기능을 이용할 수도 있다. 하지만 이 경우에도 원래 연금이 목표로 삼은 실질적 효과가 크게 훼손된다.

앞에서 연금보험의 10년 유지율이 절반 이하라는 이야기를 했었다. 중도에 연금을 해약하는 주된 이유는 애초 목표 자체가 과도했기 때문이다. 연금 가입을 권하는 금융회사들은 내가 연금을 장기 유지하는 데 큰 관심이 없다. 내가 중도해약해도 금융회사가 손해 볼 것은 없다. 그래서 그들은 과도한 목표를 권하는 경향이 있다.

'과유불급(過猶不及)'이라는 말은 은퇴자금설계에도 그대로 적용된다. 중도에 포기하면 손실이 크다. 계획은 엉망이 된다. 대다수 사람에게 돈은 피와 땀의 대가이다. 높은 금액의 연금을 붓기 위해서는 그만큼 희생이 필요하다. 미래를 위해 현재의 가치와 즐거움을 유보해야 한다. 그런데 연금의 중도해약은 이런 노력과 희생의 의미를 퇴색시키고 만다.

버거운 연금을 끝까지 유지할 수 있다 하더라도 그 과정에서 정작 소중한 것을 잃는 불행한 경우도 생긴다. 우리가 소중한 듯 보이는 것을 위해서 진정으로 소중한 것을 버리지 않았는지 깊이 생각해볼 일이다. 나는 은퇴설계의 균형에 관해서 이야기할 때 도종환 시인의 「귀가」라는 시를 인용하곤 한다.

…… (전략)

모두들 인간답게 살기 위해서라 생각하고 있었다

우리의 몸에서 조금씩 사람의 냄새가

사라져가는 것을 알면서도

인간답게 살 수 있는 터전과

인간답게 살 수 있는 시간을

벌기 위해서라 믿고 있었다

그러나 오늘 쓰지 못한 편지는

끝내 쓰지 못하고 말리라

(후략) ……

인간다운 삶을 위해서라는 명분으로 인간다운 삶을 포기하지는 않았는가? 혹시 내 은퇴설계는 어떤가?

연금도 저축이므로 무조건 금액이 높을수록 좋다는 말은 상식이 아니라 편견에 가깝다. 아예 없거나 너무 작은 것도 문제지만 너무 큰 것 역시 주의해야 한다.

현재와 미래의 균형을 추구하라

은퇴 후를 위해 어느 정도를 저축하는 것이 적절할까? 정답은 없다.

사람마다, 상황마다 다르기 때문이다. 소득의 몇 퍼센트라고 말하는 것이 가능하긴 하지만 이 또한 전적으로 합리적이지는 않다. 나는 추상적이긴 하지만 '미래지향적 현재와 균형을 이루는 정도'가 적합하다고 말하곤 한다. 더 어렵게 느껴질 수 있을 것이다. 뒤에서 은퇴 재무설계에 대해 다룰 때 자세히 설명할 것이므로 여기서는 간단하게만 언급하겠다.

소비에는 소모적 측면과 생산적 측면 둘 다 존재한다. 소모적 소비는 현재의 쾌락을 위한 것이지만 생산적 소비는 미래지향적인 성격이 있다. 즉, 인품과 지식, 교양을 쌓는 데 쓰는 돈, 자신의 직업적 능력과 가치를 높이기 위해 쓰는 비용, 인적 네트워크를 강화하기 위한 지출 등은 미래를 염두에 둔 현재의 소비이다. 이런 미래지향적인 소비를 줄이면서까지 저축을 늘려서는 안 된다는 것이 미래지향적 현재와 균형을 이루는 은퇴설계의 핵심이다. 사례를 통해 구체적으로 살펴보자.

① K씨 부부는 은퇴 이후의 풍요로운 삶을 위해 버거운 규모의 연금을 붓기로 했다. 두 사람은 미래의 달콤한 열매를 위해 현재의 쓰디쓴 인내를 받아들여야 한다고 생각했다. 그래서 줄일 수 있는 것은 다 줄였다. K씨 부부는 생각했다. '다른 사람에게 구두쇠 평가를 받더라도 어쩔 수 없다. 나중에 그들이 고개를 숙일 것이다. 독서니 문화활동이니 하는 것은 뜬구름 잡기 식의 사치이다. 그뿐만 아니라 이런 일에 들어가는 시간을

줄여 조금이라도 돈을 더 벌어야 한다.' 결국 이 부부는 지독하게 일하고 저축해서 은퇴 후에 풍족한 생활을 할 수 있을 정도의 돈을 모았다. 이제 큰소리치면서 살 수 있게 되었다고 생각했는데 뭔가 허전하고 외롭다. 인생에 지쳐버린 느낌이다. 그런데 그 이유를 알 수 없다.

② P씨 부부 역시 은퇴 이후를 준비해야겠다고 생각했다. 그런데 소비를 줄여서 저축을 해야겠지만 도가 지나치면 안 되겠다는 판단이었다. 두 사람은 가계 소비를 분석해서 별 의미 없이 들어가는 비용, 효율적으로 아낄 수 있는 비용을 줄이기로 했다. 그렇지만 직업적 전문성을 쌓는 데는 더 많은 돈을 쓰기로 계획했다. 그리고 관련된 인맥을 넓히기 위해 여러 사람과 교분을 쌓았다. 자주 식사도 대접하고 주기적으로 작은 선물도 했다. 이 부부가 은퇴 후를 위해 쌓아둔 금액은 그리 많지 않았다. 그러나 두 사람은 자기 직업 영역에서 전문성과 폭넓은 인적 네트워크를 갖춘 인품 있는 인물로 존경받았다. 이들에게 은퇴는 오지 않았다. 다른 친구들이 직장에서 물러난 시점에도 그들은 열정적으로 활동하며 행복한 삶을 살 수 있었다.

은퇴 이후의 행복한 삶을 위해 열심히 준비하는 것은 더할 나위 없이 좋은 일이다. 그렇지만 균형을 잃으면 안 된다. 미래를 위한다는 명목으로 현실 속에 담겨 있는 미래를 갉아먹어서는 안 된다. 농부는 아무리 배가 고파도 내년 농사를 위한 종자를 먹지 않는다. 이와 마찬가지로 아무리 저축이 좋아도 종자까지 모아둘 수는 없는 노릇이다.

요즘 20~30대 젊은이들도 재테크에 관심이 많다. 바람직한 현상이다. 그러나 균형을 잃은 느낌이다. "조금이라도 빨리 준비하면 복리 효과 때문에 훨씬 더 많은 자금을 모을 수 있다." 재무설계나 은퇴설계 강의에서 단골로 등장하는 말이다. 물론 타당한 측면이 있다. 그렇지만 나는 20~30대의 이른 나이부터 비교적 큰 금액으로 20~30년짜리 은퇴연금을 붓는 것이 과연 합리적인지 의문이 든다. 인플레이션과 중도해약 등 현실적 리스크를 차치하더라도 싱그러워야 할 영혼이 노후 걱정에 질식하는 것 같아 못마땅하기도 하다. 은퇴준비는 빨리 시작할수록 좋지만 적절한 규모로 시작해야 한다.

은퇴자금을 준비하기 위해 현실의 많은 부분을 희생하고 참아야 한다는 상식에 물음표를 던지고 싶다. 은퇴설계는 마라톤과 비슷하다. 한 구간에 힘을 소진하면 안 된다. 페이스를 유지해야 한다. 적절한 규모로 무리 없이 진행해야 은퇴준비라는 긴 레이스를 성공적으로 완주할 수 있다.

혹시 나의 은퇴준비 정도는 과도하지 않은가? 이 정도는 돼야 한다고 지나친 규모를 목표로 세우고 있지 않은가? 은퇴준비를 명목으로 미래를 향한 길을 스스로 가로막고 있지는 않은가? 한 번쯤 생각해볼 일이다.

망각의
은퇴설계

어느 부자의 불행한 은퇴생활

나는 금융회사에 근무하면서 수많은 부자를 만나보았다. 수백억 원대의 빌딩을 소유하고 월 임대료 수입만도 수억 원에 달하는 사람, 3대가 평생 쓸 만한 현금을 은행계좌에 비축해둔 사람 등 주변의 부러움을 살 만한 분들을 자주 접할 수 있었다. 언뜻 생각할 때 그들이 은퇴 이후에 대해 걱정할 것이라곤 눈곱만큼도 없어 보였다. 그렇지만 그 속을 조금만 들여다봐도 예상하던 것과는 상황이 많이 달랐다.

내가 상담한 어떤 분은 심하게 표현하자면 돈 외에는 준비된 것이 하나도 없었다. 부부관계는 파탄 일보 직전인 데다 자녀들은 때 이른 상속 논쟁으로 감정의 골이 깊이 패어가는 중이었다. 그 와중에 가업

승계를 어떻게 진행할지 가닥조차 잡지 못하고 혼란에 빠져들었다. 아무런 거리낌 없이 자유롭게 소비하며 즐기는 삶을 살 풍요로움이 있었지만 그 속에서 어떤 즐거움이나 의미도 찾지 못했다. 그리고 주변에 많은 사람이 모여들었지만 진솔한 인간관계를 맺을 수 없었다.

이분은 부자다운 여유와 활력이 없어 보였다. 예순을 갓 넘긴 나이지만 실제보다 훨씬 더 나이가 많이 들어 보였다. 계절마다 한두 차례 골프가방을 메고 외국여행을 다니는 것을 빼면 지극히 지루한 일상을 보냈다. 자신이 소유한 건물 지하의 작은 사무실에서 담배 연기가 자욱한 가운데 또래의 친구들과 고스톱을 치는 것이 주된 생활이었다.

나는 이분을 만나 이야기를 들으며 "채소를 먹으며 서로 사랑하는 것이 살진 소를 먹으며 서로 미워하는 것보다 낫다"는 성서 구절(잠언 15장 17절)이 어떤 의미인지를 실감할 수 있었다. 큰돈은 축복인 동시에 재앙이 될 수 있다. 운용할 자세와 능력이 갖추어지지 않았다면 더욱 더 그렇다.

은퇴자금이 흘러넘치는 이분은 사실은 은퇴준비라곤 하나도 하지 않았다. 돈만 믿었을 뿐 어떤 삶을 어떻게 살아갈지, 무엇을 하고 지낼지 기본적인 계획조차 세우지 않았다. 가족과 소통하고 관계를 더 깊이 맺지도 못했다. 제대로 된 친구 하나 사귀지 못했다.

내가 많은 부자와 만나고 상담하며 얻은 결론은 돈이 많을수록 은퇴준비가 더 철저해야 한다는 사실이다. 은퇴자금은 은퇴설계의 본질이 아니다. 주된 목표가 될 수도 없다. 그것은 은퇴 후의 삶을 위한 도구이다. 그 도구가 다양하고 많다면 미리 그 사용법을 익혀두어야 한다. 그래야 필요할 때 잘 활용할 수 있기 때문이다. 이처럼 운용할 돈이 많은 부자에게 더 많은 훈련과 준비가 필요한 것은 당연하다. 그러지 않으면 돈 때문에 더 불행한 은퇴 이후를 보낼 수도 있다. 아이러니한 현실이다.

은퇴한 부자 주변에는 사람이 들끓는다. 그러나 실속은 없다. 무언가를 팔려는 사람, 조금씩 이익을 얻어내려는 사람, 크게 한탕 빼내려는 사람 천지이다. 이들 중에는 극히 위험한 하이에나 같은 존재도 있다. 가족이나 절친한 벗과 같은 친밀한 관계에도 이해관계의 그늘이 드리울 수 있다. 확고한 가치관과 철학으로 굳건히 서 있지 않으면 흔들리고 실수하기 십상이다.

고생해서 일군 부를 지키는 일은 어렵다. 곳곳에서 위험이 감지된다. 그래서 늘 의심하며 힘들게 싸운다. 은퇴 후에도 그렇다. 이렇게 살다 보면 외롭다. 돈을 써도 재미가 없다. 어느 날 노욕과 아집에 싸인 자신을 발견하게 된다. 풍요 속에 불행이 온다.

은퇴 후의 삶을 위한 목표와 가치, 풍요로운 인간관계의 회복, 나눔과 봉사의 즐거움, 몰입할 만한 일이나 활동 등 종합적인 준비가 뒷받침되지 않는다면 거액의 돈도 큰 보탬이 되지 않는다.

돈 중심의 은퇴설계가 불러온 망각

　본질적이고 종합적인 은퇴준비를 하지 않으면 제아무리 부자라도 불행한 은퇴생활을 보낼 가능성이 크다. 그런데 우리 사회에 만연한 '돈 중심의 은퇴설계'는 이런 기본 상식을 망각의 터널로 날려버린다. "은퇴자금 얼마가 필요하다"는 이야기가 "얼마의 은퇴자금이 있으면 은퇴설계가 다 된 것이다"로 변질된다. 그래서인지 은퇴자금준비가 든든한 사람들이 다른 영역에서 부실한 경향을 보이곤 한다.

　몇 개월 전 한 부부를 만났다. 두 분 모두 예순의 현직 교사였다. 그분들은 자신은 은퇴설계가 완벽하게 되어 있으니 섣부른 조언을 할 생각을 하지 말고 몇 가지 금융 관련 상담만 해달라고 요구했다. 나는 완벽한 은퇴설계가 무엇인지 내심 궁금했지만 별다른 이야기를 꺼내지 않고 그분들이 요구한 상속형 종신보험 플랜 등에 대해서만 자세히 설명해드렸다.

　대화가 거의 마무리될 무렵 나는 가볍게 질문을 던졌다. "선생님들께서는 은퇴준비를 잘하셨나 봅니다?" 그러자 두 분은 자랑이 약간 섞인 듯한 대답을 내놓았다. 두 분은 곧 정년퇴직 예정인데, 퇴직 후 부부의 교원연금과 개인연금을 합치면 월 900만 원 가까이 된다고 했다. 두 자녀도 모두 출가해서 자리를 잡았기 때문에 큰 걱정거리도 없고 은퇴 이후를 즐기기만 하면 된다는 이야기였다.

상황은 아주 좋았다. 그분들 말처럼 이렇게 완벽한 은퇴준비도 드물다. 그런데 내가 지극히 단순한 한마디를 던졌을 때 꼭 그런 것만은 아니라는 생각이 들었다.

"은퇴 후에는 무엇을 하실 생각이십니까?"

"쉬어야지. 그리고 ……."

완벽한 은퇴설계의 내용은 월 900만 원의 연금과 쉬겠다는 계획이 전부였다. 나는 이 부부에게 은퇴준비 점검과 관련해서 재미있는 게 있는데 한번 해보겠냐고 물었다. 그리고 우리 연구소에서 컨설팅할 때 쓰는 세 가지 양식에 내용을 기입해 달라고 부탁했다. 그것은 은퇴 이후 5년간 중점적으로 할 일(연도별), 은퇴 후 하루 일과표(원형, 24시간), 은퇴 후 5개년 계획(5차까지)이었다. 아주 간단한 양식이었지만 이 두 분은 물끄러미 종이를 바라만 볼 뿐 한참이 지나도록 아무것도 적어넣지 못했다. 아내 선생님이 비교적 자세하게 일과표를 적은 것을 빼면 의미 있는 기록은 없었다.

"이것 참 막막하네. 뭔가 구체적인 은퇴계획이 없네. 은퇴 후 첫해, 첫 달, 첫날의 계획도 이렇게 막연하니. 허허……."

남편 선생님은 한동안 헛웃음만 지으며 난감해했다. 물론 이 부부 선생님께서는 그 이후로 구체적인 계획을 세우고 여러 영역에서 착실한 준비를 하고 계신다.

적절한 은퇴자금을 잘 준비하는 것은 바람직하고 좋은 일이다. 그

금액이 많다면 더할 나위 없이 좋다. 그러나 잘 준비된 은퇴자금이 다른 중요한 영역을 가려서는 안 된다. 은퇴자금이 충분하다 하더라도 다른 준비가 뒷받침되지 않으면 그것은 반쪽짜리다. 오히려 은퇴자금이 다소 부족하더라도 은퇴 후 직업과 가족관계 등 다른 영역의 준비가 튼튼한 것보다 못하다. 은퇴자금을 바탕으로 종합적인 준비가 갖추어지면 그야말로 화룡점정이다.

내 아버지께서는 공기업에서 정년퇴직하셨다. 큰 금액의 개인연금 같은 건 따로 준비하지 않았지만 은퇴 후 생활에서 경제적인 어려움을 겪지는 않으셨다. 그러나 그것이 거의 전부였다. 무엇을 할지, 어떻게 살지에 대해 체계적으로 준비한 것이 없었다. "이것을 하겠다. 저렇게 살겠다" 같이 추상적으로 말씀하신 적은 있지만 그런 일을 하기 위해 따로 무언가를 준비해놓지는 않았다. 결과적으로 은퇴 초기에 많은 고생을 하셨다. 갑작스럽게 변화한 생활에 적응하는 데 어려움도 겪었다. 그리고 뒤늦게 생활계획을 다시 세우셨다. 지금은 분명한 중심을 잡고 봉사활동 중심의 은퇴생활을 열심히 하고 계신다.

반대로 사업을 하던 어머니는 은퇴 전에 미리 준비하셨다. 아이들에게 동화책을 읽어주는 '이야기 할머니' 교육과정을 이수하기도 했다. 어머니는 은퇴 후에 흔들림 없이 새로운 생활을 시작했다. 유치원에서 아이들에게 이야기를 들려주는 일과 교회 봉사활동을 왕성하게 하고 있다.

나는 아버지가 어머니처럼 은퇴 후의 삶을 의미 있게 채울 수 있도록 무언가를 미리 준비했으면 은퇴 초기의 흔들림과 고통을 줄일 수 있었으리라 생각해본다. 그때 적절한 조언을 하지 못했던 것이 아쉽기도 하다. 하지만 지금 나는 그런 아쉬움을 예방하는 일을 업으로 삼으며 그 반성을 되새기게 되었다.

　돈 중심의 은퇴설계, 즉 은퇴 이후를 위해 얼마의 금액이 필요하다는 식의 목표가 중심이 된 은퇴설계는 그것이 잘 이루어지더라도 중요한 다른 영역을 놓치게 만들 수 있다. 소중한 다른 부분을 외면하고 잊게 할 위험이 다분하다.

　부자이기 때문에 혹은 연금이 충분하기 때문에 은퇴설계가 다 되었다고 판단하는 것은 크나큰 오산이다. 그럴수록 더 치밀한 은퇴설계와 준비가 필요하다. 은퇴 후의 행복은 돈이 아니라 삶의 풍부함으로 결정되기 때문이다.

2장

은퇴설계, 공포에서 본질로

부정적 자기암시에서 벗어나
존엄을 회복하라

은퇴에 대한 부정적 인식의 근원

"너는 센 머리 앞에서 일어서고 노인의 얼굴을 공경하며……"

구약성서의 한 구절(레위기 19장 32절)이다. 동서고금을 막론하고 노인에 대한 존경은 보편적인 가치이다. '장로(長老)'라는 말이 있듯 노인은 지혜와 리더십 그 자체였다. 그런데 지금 우리 사회의 모습을 보면 그 숭고한 가치가 송두리째 흔들리고 있는 듯한 느낌이다. 고령화 사회로 진입할수록 이런 부정적 현상이 더 심해지는 것 같다. 노인 존중 정신이 사회의 규범과 가치로 확고히 자리를 잡아도 부족할 터인데 말이다.

극단적으로 표현하자면 일선에서 은퇴한 사람들을 '귀찮은 짐' 정도로 생각하는 사회적 경향이 굳어지고 있다는 인상을 지울 수 없다. 여론의 향방이 집결된 TV, 신문, 인터넷 매체의 어투에는 젊은 세대의 앞길을 막거나 그들에게 무거운 부양책임을 지우는 고루하고 무능한 노인 세대의 이미지가 진하게 배어 있다.

정년 연장이나 노인 취업 활성화 논의가 나오면 청년 실업이 가속화될 것이라는 부정적 전망이 뒤따른다. 복지제도에 대해서도 노인 의료비 비중이 과도해서 건강보험 재정이 부실해지고 기초노령연금이나 국민연금이 젊은이들의 주머니를 강탈한다는 뉘앙스로 가시 돋친 말을 일삼는 이들도 있다. 은근히 아니면 노골적으로 세대 간 갈등을 부추기는 사람들도 있다. 특히 정치적 이슈가 첨예할 때면 더 그렇다. 기득권과 편견에 사로잡힌 노인들이 개혁을 막아선다는 식의 논의가 그렇다.

이런 식의 이야기들은 대부분 현상의 일면을 극대화한 것이다. 우리 사회는 여러 세대가 어우러져 있고 각각 특징이 있다. 이런 여러 세대가 갖고 있는 특유의 상황, 경험과 사고방식들이 서로 보완적으로 조화를 이루어 시대정신을 형성하고 사회가 발전한다. 특히 노인 세대의 경험과 능력, 판단력과 지혜는 사회 전체가 경청하고 수용해야 할 소중한 자산이다. 그런데 당장의 이해관계에 조금 어긋난다고 해서(실제로 그렇지도 않지만) 한 세대에 대해 부담감을 표현하거나 대립각을 세우는 것은 사회에 해악이 되는 나쁜 태도이다. 나이 든 사람에게 편견을 갖는 것은 인종차별이나 성차별과 하나도 다를 바 없다.

그런데 노인 세대에 대한 사회 전반의 잘못된 인식이 개인에게도 영향을 미친다. 사회의 차별과 편견의 시선을 극복하지 못한 채 그것을 아무 문제의식 없이 수용해버리는 것이다. 은퇴를 앞둔 사람들은 자신이 가족과 사회의 짐이 되지 않을까 염려한다. 사회가 가진 부정적 인식을 자신에게 투사함으로써 은퇴에 대한 부정적 암시를 거는 것이다. 질병에 시달리고 할 일 없이 배회하고 꽉 막힌 소리를 해대며 고집을 피우고 젊은 사람들이 슬슬 피하는 인기 없는 존재로서의 이미지에 사로잡힌다. 그래서 일부 사람들이 지위나 돈에 집착하는지도 모르겠다. 그것이라도 있어야 최소한 겉으로라도 존중받을 수 있기 때문이다.

은퇴 이후에 대한 부정적 이미지가 형성되면 이것은 일종의 자기암시가 된다. 심리학자나 자기계발 전문가들의 이야기를 들어보면 자기암시의 영향력은 막강하다. 무엇이든 자신이 그린 대로, 상상한 그대로 이루어진다고 한다. 이런 내용을 담은 책이 자주 베스트셀러 목록에 오르며 설득력을 높인다.

그런데 부정적 자기암시의 예측력은 더 뛰어나다. 어떤 사람이 냉동창고에 갇혀 얼어 죽은 채로 발견되었다. 그런데 사실 그 냉동창고는 전원이 꺼져 가동하지 않았다. 하지만 그 사람은 마치 극심한 냉기가 흐르는 것처럼 자기암시를 했고 결과는 자신이 암시한 그대로였다. 자신의 미래에 대해 부정적 이미지를 심어놓고 그것에 대해 염려하는 동안 불행이 점점 더 가까워진다.

나는 은퇴를 앞두고 부정적 자기암시에 빠진 사람들을 자주 만나고 있다. 이분들의 머릿속에는 은퇴 이후의 삶에 대한 암울한 그림이 빼곡하게 들어차 있다. 이것을 극복해야 한다. 멋있고 활기차고 여유 있으며 사회에 기여하면서 존경을 한몸에 받는 지혜로운 조언자와 지도자의 모습을 그려야 한다.

은퇴의 존엄을 회복하라

한 장면을 상상해보자.

정년퇴임식 자리이다. 후배 동료들이 한 사람씩 단상에 나와 그가 회사와 동료들을 위해 얼마나 큰일을 이루었는지를 말하며 한없는 존경의 눈빛으로 그를 바라본다. 그러고는 그를 향해 다가가 포옹하며 석별의 아쉬움이 담긴 눈물을 흘린다. 기립박수와 환호성 속에서 꽃다발을 안고 퇴장하는 그의 곁에 회사 사장이 다가선다. 사장은 그에게 그동안 수고했다고 치하하며 이제부터 다른 형태로 회사를 위해 일해달라고 요청한다. 그간의 경험 속에 담긴 지혜와 통찰력으로 경영자에게 조언하는 고문직을 제안한 것이다. 그는 고민에 빠졌다. 이미 며칠 전에 자신이 관여하던 사회단체의 리더를 맡아달라는 부탁을 받았기 때문이다.

이상적으로 느껴지는가? 나는 은퇴의 본질이 이런 장면이라고 생각한다. 퇴임식이 있든 없든 마찬가지다. 한국 사회의 평균적인 은퇴자들과 은퇴를 목전에 둔 사람들은 이런 존중을 받을 자격이 충분하다. 그 사람이 고위직이든 말단의 기능직이든, 한 직장에서 수십 년을 근속했든 아니면 여러 직장을 거쳤든 마찬가지다. 우리 사회는 은퇴자와 그분들의 삶에 대해 존경을 표해야 한다. 은퇴하는 사람 스스로도 자신과 자신의 삶에 대해 존엄을 가져야 한다.

나는 어린 시절을 또렷하게 기억한다. 아버지들은 하루 12시간씩 맞교대를 해가며 힘겨운 노동을 했다. 휴일이라곤 첫째·셋째 일요일, 한 달에 이틀뿐이었다. 어머니들은 새벽부터 깨어나 출근하는 남편과 등교하는 자식들을 분주히 챙겼다. 힘든 농사일이나 부업도 마다치 않았다. 이분들이 세계 최빈국 한국을 잘사는 산업국가로 만들었다. 이미 은퇴한 60~80대가 그 주역들이다.

그 이후 세대도 마찬가지다. 이들은 어려운 와중에도 열심히 공부하고 일했다. 선배들이 만든 뼈대에 살과 근육을 붙였다. 민주주의가 꽃피울 수 있도록 희생을 감수한 이들도 많다. 사회 곳곳의 조직에서 경쟁력이 발휘되고 합리적이고 견고하며 민주적인 문화가 생길 수 있도록 헌신했다. 이들이 막 은퇴하기 시작했거나 은퇴를 앞둔 50대들이다.

현재 한국의 부와 창의적 혁신, 자유롭고 화려한 문화는 모두 선배 세대들의 피땀을 에너지원으로 이루어졌다. 유능하고 성실하고 헌신적이며 근검하고 이웃에 대한 배려와 애국심이 넘치는 훌륭한 선배들이 이 땅의 풍요와 활력을 창조했다.

한국 사회는 은퇴한 세대들, 은퇴를 앞둔 세대들을 존경해야 한다. 그리고 이들의 역할이 커질 수 있도록 구체적 방안을 찾아야 한다. 은퇴했다고 해서 훌륭한 이들이 하루아침에 보잘것없는 사람으로 변하지는 않는다. 은퇴자의 인품과 능력과 지혜가 우리 사회의 모든 영역에 스며들어 또 다른 발전을 이루도록 사회 전체가 합심해서 노력해야 한다. 이런 점에서 은퇴설계는 사회의 중요한 역할이기도 하다. 그리고 청춘을 바쳐 열심히 일한 사람들이 은퇴 후에 부와 존경을 누릴 수 있다는 사실을 젊은 세대에게도 분명히 보여주어야 한다.

은퇴한 사람들, 은퇴를 앞둔 사람들도 마음을 다시 추슬러야 한다. 분별없는 사람들의 잘못된 인식이나 부정적 이미지, 편견과 차별에서 벗어나야 한다. 그리고 스스로 만든 부정적 이미지를 극복해야 한다. 은퇴자로서 존엄을 회복해야 한다. 열심히 살아온 인생을 반추하며 자긍심을 품고 은퇴 그 자체와 은퇴 후의 삶에 대해 긍정적 이미지를 가질 필요가 있다. 그간 쌓아온 경륜과 통찰력, 지혜, 인맥, 기술과 노하우가 다른 영역에서 절실히 요구되는 것임을 알고 자신감과 적극성도 발휘해야 한다.

이런 긍정적 자화상과 자기 존중의 토대 위에서 본질적인 은퇴설계가 시작될 수 있다.

은퇴설계의
패러다임을 바꾼다

은퇴를 새롭게 정의하라

은퇴(隱退)를 사전적으로 정의하면 "직임에서 물러나거나 사회활동에서 손을 떼고 한가히 지내는 것"이다. 숨기다, 희미해지다, 사라지다 등의 뜻을 지닌 '숨길 은(隱)'과 그만두다, 물러나다, 피하다 등의 뜻을 가진 '물러날 퇴(退)'가 합쳐진 한자어이다. 해당 직무를 놓고 보면 정확한 표현이지만 인생 전체를 놓고 생각하면 굉장히 부정적인 느낌이다. 마치 삶의 뒤안길로 밀려나는 맥빠진 상태를 묘사하는 것 같다.

그런데 은퇴의 영어 표현은 'retire'이다. '다시'를 나타내는 're'와 '타이어(tire)'가 합쳐진 말이다. '타이어를 갈아 끼운다'는 뜻이 된다. 즉, '끝' 아니라 '새로운 시작'을 표현한다. 나는 현재 우리 사회에서 은퇴를 표현하는 정의로 한자보다는 영어식 표현이 훨씬 더 적합하다고 생각한다. 훨씬 긍정적이고 주체적이기 때문이다. 그리고 현실에도 더 가깝다.

53~57세 정도라는 평균 은퇴연령은 주된 직장을 그만두는 시기이다. 이로써 모든 활동이 끝나는 것은 아니다. 이때 경제활동이나 사회활동의 현장에서 완전히 물러나는 사람은 극히 일부다. 주된 직장에서 물러나는 나이는 직업마다 다르다. 스포츠 선수는 20대에서 40대 사이에 은퇴하지만 국립대학 교수는 65세까지 현직에서 활약한다. 그러므로 평균 은퇴연령에 특별한 의미를 둘 필요는 없다.

현재 한국 사회에서 은퇴는 직업이나 직장, 혹은 직무의 변화를 의미하는 말로 새롭게 정의되어야 한다. 그리고 이에 맞추어서 은퇴설계를 하는 쪽으로 방향을 바꾸어야 한다. 55세부터 경제활동이 없을 것이라 결론을 내놓고 이 시기부터 연금을 타는 식으로 은퇴설계를 하는 것은 위험한 결과를 초래한다. 즉 제2의 직업(직장 또는 활동)을 준비하는 일을 등한히 여기게끔 분위기를 조장하고 과도한 연금 납입에 정력을 소진하게 만든다.

어떤 사람들은 은퇴 후 맞이한 두 번째 직업이나 직장, 활동에서 훨씬 더 의미 있는 발자국을 남긴다. 프로야구단 기아 타이거즈에서 타격을 지도하고 있는 김용달 코치는 1982년부터 7년 동안 MBC 청룡의 선수로 뛴 후 34세의 나이로 은퇴했다. 그리고 1989년부터 2013년 현재까지 25년 가까운 세월을 코치로 활동 중이다. 대다수 야구팬의 뇌리에는 야구 선수가 아니라 타격 코치로서 김용달이라는 이름이 깊이 박혀 있다.

이것이 프로 스포츠 선수 같은 특수한 영역에만 해당하는 이야기일까? 나는 아니라고 생각한다. 1차 은퇴연령이 비교적 빠른 영역에서는 그때를 진정한 은퇴로 간주하지 않는다. 당연히 다른 직업이나 직장을 가질 것이라 생각하고 준비한다. 그리고 은퇴에 따른 변화를 자연스럽게 받아들인다. 이런 인식과 준비, 수용이 인생 활동기의 두 번째 섹터를 자연스럽게 형성하는 것이다. 1차 은퇴연령이 늦은 경우라도 마찬가지다. 예를 들어 55세나 65세에 은퇴할 때에도 운동선수들처럼 생각하는 것이 바람직하다. 인생 활동기의 두 번째 섹터를 만드는 것을 자연스럽게 받아들여야 한다. 현재 50~60대의 지식 수준, 건강 상태, 변화 수용력 등을 고려하면 이것이 현실적이다.

50대 젊은 나이에 경제와 사회활동의 주류에서 밀려날 것이라는 암담한 이야기를 그대로 받아들이면 안 된다. 이것이 이 시대의 어쩔 수 없는 운명인 것처럼 생각해서도 안 된다. 우리에게 세뇌된 은퇴의 정의를 극적으로 바꾸어야만 한다. 그것은 직업과 직장마다 제각기 다른 1차 주력 활동에서 2차 주력 활동으로 이동하는 시기이다. 역동적 변화의 시기이다. 새 타이어로 교체한 차량은 절대 폐차장으로 향하지 않는다. 그 자동차는 새로운 도로를 씽씽 달릴 것이다.

대다수 사람이 은퇴시기를 필요 이상 앞당겨 생각한다. 그것은 훨씬 나중에 찾아온다. 그때는 인생의 휴식을 자연스럽게 받아들이고 다른 사람에게 의존할 수밖에 없다고 느낀다. 그리고 신체적·정신적 활동에서 한계를 절감한다. 또한 상호관계를 맺는 사람들의 수가 현저히 줄어든다. 무엇보다 스스로 나이 들었다고 생각한다.

이런 진정한 은퇴시점은 개인차가 크다. 게다가 개인의 인식에 달린 문제이기 때문에 획일적으로 말하기 어렵다. 하지만 대체로 75세 이후에나 찾아온다는 것이 정설이다.

제2 활동기를 고려한 은퇴설계

공포 마케팅으로 은퇴상품을 판매하는 사람들은 55세 은퇴를 기정사실로 간주한다. 이때부터 경제력에 따른 수입이 없는 암울한 시기가 시작되므로 여기에 대비해야 한다고 본다. 이런 논의에서 55세 이후 20년 내외의 왕성한 활동기조차 수입 없는 50년의 초기 단계로 치부된다. 이것은 이상적이지 않을뿐더러 현실과도 맞지 않다.

깊이 있게 사람의 인생과 세대별 특징을 연구한 학자들은 55세 이후에 약간 떨어진 신체적 기능을 정신적 능력으로 상쇄하며 최고의 역량을 발휘하는 황금기가 온다고 말한다. 사실 이런 연구는 오래된 것이라 그다지 새롭지도 않으며 이미 폭넓게 받아들여지고 있다.

은퇴 후 더 성공적인 삶을 사는 사람의 전형으로 꼽히는 지미 카터 전 미국 대통령은 은퇴(retirement) 이후를 두 단계로 나누어 설명했다. 이는 카터의 자의적 구분이 아니라 당시 언론의 여론조사 결과에 근거를 둔 객관적 서술이다. 이에 따르면 평균적인 미국인들은 55세에 은퇴해서 74세부터 늙는다고 생각하고 있다. 즉, 주된 직장의 은퇴기와 인생의 휴지기를 별개로 여기는 사고가 광범위하게 존재한다는 사실이 드러난다.

55세 정도에 주된 직장에서 물러난 사람은 새로운 변모를 맞이한다. 정규직 근로자로 일하다가 계약직이나 시간급으로 전환하거나 지도적 지위에 올라서기도 한다. 이전과는 전혀 다른 직업을 갖기도 하고 사회봉사에 투신하는 이도 있다. 이런 식으로 왕성한 활동을 하며 은퇴 후 20년 내외를 보낸다.

진정한 은퇴설계는 이런 20년을 염두에 둔 것이라야 한다. 나는 50대를 기점으로 설계된 기존의 은퇴설계는 잘못되었다고 본다. 그것은 사람을 겁주고 주눅들게 해서 무력화하는 못돼먹은 속성이 있다.

바람직한 은퇴를 준비하는 사람이라면 55세나 60세 혹은 65세 이후의 2차 활동기 즉, 노년기(이 시기를 늦출 수 있으며 심지어 겪지 않는 이도 존재한다)가 오기까지의 비교적 긴 세월을 염두에 두어야 한다.

기존의 업무를 연장하거나 새롭고 창의적인 형태로 바꾸거나 전혀 새로운 일을 하기 위해 미리 준비해야 한다. 교육훈련을 받고 학습해야 한다. 깊고 폭넓게 소통하며 인간관계를 풍성히 가꾸어야 한다. 가족과 단절되지 않고 화목할 수 있게끔 챙겨야 한다.

은퇴준비를 위한 재무설계도 마찬가지 맥락에서 이루어져야 한다. 55세부터 연금을 받으려고 안달할 필요가 없다. 연금 수령 시기는 가능한 뒤로 미루어야 한다. 연금은 활동력이 떨어진 노년기에 필요하다. 그 대신 본격적인 2차 활동에 필요한 자금을 만드는 생산적 저축이 필요하다. 예를 들어 창업이나 창직을 위해 자금이 필요할 수도 있고 예기치 않은 공백기의 생활비가 필요할 수도 있다. 2차 활동의 발목을 잡을 수 있는 리스크에도 대비해야 한다.

일할 수 없을 만큼 늙었기 때문에 은퇴하는 사람은 거의 없다. 사람은 자신이 늙었다고 생각할 때부터 늙는다. 1차 퇴직을 완전한 은퇴로 받아들이는 순간 늙는다. 1차 퇴직과 완전한 은퇴는 아무런 관련성이 없다. 오히려 새로운 황금기의 문이 열리는 순간이 될 수도 있다.

은퇴에 대한 새로운 발상이 필요하다. 그것이 말로만 그치고 동기부여를 하는 도구로만 사용되면 큰 의미가 없다. 구체적인 은퇴설계에 반영되어야 한다. 우리는 은퇴에 대한 정의, 은퇴준비의 패러다임을 바꿀 결정적 시점에 와 있다. 그 변화의 성공 여부에 따라 우리 인생은 극적으로 달라질 것이다.

자신감의
근거

두려움과 리스크 대비는 다르다

　불행히도 상당수 사람의 은퇴설계 근저에는 불안과 두려움이 두텁게 깔려 있다. 이 문장에 반감을 느끼는 분도 계실 것이다. "그것이 뭐가 어떠냐, 당연한 일 아니냐?" 하고 항변하는 분도 계실 것 같다. 그러나 나는 단호히 말한다. 은퇴에 대한 두려움은 결코 바람직한 태도가 아니다. 리스크에 대비하는 적극적인 자세와 공포는 차원이 다르기 때문이다.

　리스크를 고려하고 여기에 미리 대비하는 이유는 이를 통해 불안과 두려움을 극복하기 위해서이다. 부정적인 감정은 잊고 미래지향적이고 긍정적인 삶을 살기 위해서 위험을 방지하고 분산시킨다. 공포에

눌린 상태에서 리스크를 관리한다면 그것이 무슨 의미가 있겠는가?

은퇴설계는 긍정적인 상태에서, 말하자면 희망과 자신감이 넘치는 상태에서 이루어져야 한다. 혹 있을 수 있는 위험, 고난, 불행은 대비의 대상이지 막연한 걱정거리가 될 수는 없다. 걱정이 넘치면 공포 마케팅이 비집고 들어와 제대로 된 은퇴준비를 흐트러뜨린다. 대한민국 은퇴자들에게는 자신감 있게 은퇴설계를 해야 할 당위성과 충분한 근거가 있다. 어깨를 펴고 새로운 미래를 그리자.

워킹 시니어의 자신감

삼팔선, 사오정, 오륙도. 실질 정년이 점점 줄어들고 있음을 개탄하는 자조 섞인 말이다. 불황기, 기업의 구조조정기에 고용 감축이 있을 때 주로 나이가 많은 사람, 정년에 가까운 사람이 그 대상이 되는 경향이 있다. 한국 사회도 IMF 이후 불황과 연속적인 기업 구조조정을 거치며 비교적 이른 나이에 직장을 떠나는 사람이 늘었다. 이 과정에서 나이가 많을수록 직장에 남아 있기 어렵다는 인식이 사회적으로 강해졌다. 이것은 분명한 현실의 한 측면이다.

그렇다면 한국 사회에서 고용은 더 젊어지는 방향으로 흐르고 있을까? 2013년 10월 한국은행이 발표한 자료에 따르면 근로자의 평균 연령은 만 44세이다. 우리 나이로 45세다. 정년이 45세가 아니라 평균

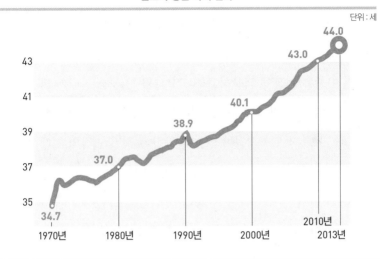

근로자 평균 나이 변화

단위 : 세

43

41

39

37

35

34.7

1970년

37.0

1980년

38.9

1990년

40.1

2000년

43.0

2010년

44.0

2013년

자료 출처: 한국은행

이 45세다. 사회 고령화와 함께 고용도 고령화하고 있는 것이다. 이는 청년층 고용이 감소하는 현상을 반영한 결과이기 때문에 결코 환영할 만한 현상은 아니다. 그러나 왜 이렇게 되었는지는 되짚어볼 필요가 있다. 베이비붐 세대가 직장의 다수를 형성하고, 정년이 연장되는 등의 사회 변화와 맞물려 꾸준히 고용 노령화가 일어나고 있다. 나이 많은 숙련자들을 계속 고용하는 것이 젊은 세대를 새로 채용하는 것보다 유리하다는 기업 경영층의 인식이 확산되는 경향 역시 이런 상황을 만드는 데 한몫한다.

최근 법적으로 정년이 연장되었다. '고용상 연령차별 금지 및 고령자 고용촉진에 관한 법률 일부 개정안'이 국회를 통과했다. 기존에 권고 사항으로 되어 있던 정년을 의무 조항으로 바꿔 60세로 연장했다. 2016년 1월 1일부터는 공기업, 공공기관, 지방공기업, 상시근로자 300인 이상 사업장에 적용하고 2017년 1월 1일부터는 국가 및 지방자치단체, 상시근로자 300인 미만 사업장에도 적용한다. 이 법률을 개정할 때 가장 첨예한 쟁점이 되었던 사항은 정년 연장의 시행 여부가 아니라 정년 연장과 '임금 피크제'와의 연계 부분이었다. 즉, 기업 처지에서는 숙련된 인력을 계속 활용하면서 임금 상승 부담을 줄이려는 의도가 존재한다. 그런데 법률에 "노사 양측이 임금체계 개편 등 필요한 조치를 취해야 한다"는 문구가 포함됨으로써 임금 피크제가 사실상 의무화되었다. 이 법률에 따라 60세가 되지 않은 근로자를 특별한 이유 없이 해고하면 부당해고로 간주되어 사업주가 처벌을 받는다.

전문가들의 의견을 종합해볼 때 정년은 더 연장될 가능성이 크다. 사회 발전과 인구구조 개편의 자연스러운 결과이기 때문이다. 우리보다 앞서 간 나라들의 사례를 보아도 그렇다. 미국과 영국, 캐나다, 호주 등은 아예 정년이 없다. 정년퇴직을 인종차별이나 성차별과 같은 사회적 차별로 보기 때문이다. 프랑스는 연금 개시 시점인 60세 이전에는 정년을 정할 수 없게 못 박았다. 독일의 정년은 65세인데 67세로 늘릴 계획이다. 그리고 핀란드, 네덜란드, 이탈리아, 대만, 필리핀 등의 국가도 65세 정년 정책을 가지고 있다.

정년 연장은 근본적으로 고령화 추세에 따라 장년층을 배려한 시혜책만은 아니다. 물론 장년층의 수입을 늘려 복지를 확충하려는 의도가 있다. 그러나 근본적으로는 장기적인 '일자리 부족'에 대비하려는 것이다. 취업이 안 되어 실업이 늘고 있는 형편에 일자리 부족이 무슨 말인가? 당장 와 닿지는 않겠지만 장기적으로 일할 사람이 부족한 것은 엄연한 사실이다. 우리나라의 경제활동인구(15~64세)는 2016년 3,704만 명을 정점으로 감소하기 시작한다. 그만큼 경제활력이 떨어지게 되어 있다. 그것을 막기 위해 더 많은 장년 근로자가 필요하다.

기업 인사 담당자들을 만나보면 연공서열형 임금구조가 개편된다면 장년층이 퇴직하지 않고 계속 근무하는 쪽이 회사에 유리하다는 이야기를 자주 들을 수 있다. 이들은 기능적으로 숙련되있고 소속감과 헌신성이 강하다. 여러 상황에 대한 대처 능력과 문제해결 능력이 뛰어나다. 그리고 예전과 비할 수 없을 정도로 신체적으로나 정서적으로 건강하다. 근로에 대한 동기도 점점 더 강해지고 있다.

그럼에도 현재 장년층 취업의 현실은 열악하기 이를 데 없다. 우선 좋은 일자리가 턱없이 부족하다. 처우도 나쁘다. 정부가 추진하는 일자리 사업도 실은 부업 수준에 그치는 경우가 많다. 눈앞에 펼쳐진 상황이 그런 것은 부인할 수 없다. 그러나 단언하건대 이런 상황은 그리 오래가지 못한다.

고령화는 예측하지 못한 사이에 급작스럽게 우리 사회에 찾아왔다.

불과 얼마 전까지 "둘만 낳아 잘 기르자"는 산아제한정책이 시행되었었다. 미처 준비할 틈이 없었다. 국민연금 등 복지정책에 허점이 드러난 결정적 이유는 설계 당시에 이런 미래를 예측하지 못했기 때문이다. 산업과 고용 등 여러 분야도 마찬가지다. 현재는 고령 사회로 진입하는 인구 재편기이다. 내홍을 겪고 혼란스러울 수밖에 없다. 그러나 곧 안정을 찾고 사회 전체의 이익을 도모하는 쪽으로 흐름이 전개될 것이다. 장년층의 직업 영역에서도 이런 자신감을 갖고 미리 준비하는 자세가 필요하다.

책을 준비하면서 출판사 관계자에게 재미있는 이야기를 들었다. 1990년대만 해도 40세 이상의 편집자는 찾아보기 힘들었다. 그래서 출판사 편집자의 정년이 40세 내외라는 말도 떠돌았다고 한다. 그런데 지금은 40대의 편집자를 그리 어렵지 않게 만날 수 있다. 어째서 그렇게 되었을까? 1990년대의 출판 사업은 막 시작하는 신생 영역이었다. 산업 자체가 젊고 경영자도 젊었다. 그런데 산업이 점점 고도화하고 규모를 키우면서 장년 비율이 늘어난 것이다. 1990년대 말 30대 후반의 나이로 사실상 정년이 임박했다는 압박에 놓여 있던 편집자들은 현재 50대 초·중반이 되었다. 이들 중 상당수가 사업주나 관리자로 출판 산업을 이끌고 있다. 물론 이들은 자신과 직업, 우리 사회의 미래를 믿고 준비하며 노력한 사람들이다. 이 분야에서 오래 근무하지 못할 것이라는 회의적인 마음을 품은 사람들은 일찌감치 업계를 떠나고 말았다.

숲을 보는 마음을 갖는다면 시대의 흐름과 한국 기업의 요구는 장년층이 더 오래 일하는 쪽으로 변모하고 있음을 볼 수 있다. 각 회사의 교육이나 언론 캠페인에 "직장을 떠나지 마십시오. 더 오래 일해주십시오"라는 구호가 등장할 날이 얼마 남지 않았다.

관건은 자신감과 준비이다. 인력 부족의 시대, 특히 유능하고 헌신적인 근로자가 부족한 시대를 대비하여 은퇴 후의 직업생활에 대해 미리 준비한 사람은 그 기대와 소망을 이룰 것이고 미리 겁을 먹고 포기하거나 게으르게 대비한 사람은 더 일찍 일자리에서 물러나게 될 것이다. 그 출발은 잘 준비한다면 내가 사회적으로 존경받는 훌륭한 직업인으로 오래도록 일할 수 있다는 긍정적 인식과 자신감이다.

건전한 생활인으로서의 자신감

나는 꽤 규모가 큰 교회에 다닌다. 그곳에서 많은 어르신을 접한다. 그런데 이분들의 경제력의 편차는 꽤 큰 편이다. 재벌급의 자산을 보유하고 엄청난 수입을 올리는 분에서부터 중산층 수준의 소득이 있는 분, 기본적인 생활에 어려움을 겪는 분까지 다양하다. 그런데 최근 흥미로운 사실 한 가지를 발견했다. 재산과 소득에서 편차가 큰 이분들의 소비 수준 편차는 그리 크지 않다는 점이다. 그리고 소득 수준과 소비 수준이 반드시 비례하는 것도 아니었다. 더 놀라운 점은 소비 수준과 삶에 대한 만족도(행복을 느끼는 정도)는 거의 상관관계가 없다는 것이다. 물론 종교집단이라는 특정한 영역에서의 관찰이다. 하지만 상담을 하거나 다른 활동을 통해서 어르신들을 만나며 경험한 것을 정리해보건대 이 경향을 일반화시켜도 큰 무리는 없을 것 같다.

기본적으로 우리나라의 어르신들은 검소하다. 그것이 몸에 배어 있다. 전쟁의 참화와 극빈의 시대를 헤치며 살아오는 동안 훈련된 삶의 양식이다. 그다음 세대도 마찬가지다. 전반적으로 검소하다. 경제적 풍요를 누리는 데는 그전 세대보다 익숙하지만 그 도를 넘지 않는 것을 미덕으로 받아들인다. 그들은 많은 돈을 쓴다. 그런데 그 비중을 보면 상당한 부분을 자녀교육비가 차지하고 있다.

그런데 최근 젊은 층을 중심으로 사치의 열풍이 불고 있다. '명품'이라 부르는 럭셔리 제품들의 소비가 도를 넘는 모습을 보인다. 룸살롱 등 향락업소도 곳곳으로 퍼져 기승을 부리고 있다. 큰 집에 살고 좋은 차를 타고 화려한 옷과 가방, 구두, 장신구를 갖추고 호화 식당에서 근사한 식사를 해야 제대로 된 삶이라는 인식이 퍼지고 있다. 그러나 이는 원래 우리 삶의 양식이 아니었다. 경제 급성장이 가져온 부작용의 하나이다. 이것은 극복해야 할 대상이다.

1990년대 이후 선진 서유럽 사회는 경제적 '성숙기'에 접어들었다. 급성장하던 소득 증가세는 주춤해졌고 무한 발전과 성취의 신화에 균열이 가기 시작했다. 이때 '단순한 삶'이라는 키워드가 사람들의 마음을 사로잡았다. 이것은 화려한 소비가 아니라 소박한 생활에서 인생의 의미와 즐거움을 찾는 경향이다. 부와 높은 소득에 대한 집착을 떨치고 과도한 일에서 벗어나 여유를 누리며 사회에 봉사하는 성숙한 생활을 추구하는 것이다. 이는 서유럽인이 역사적으로 형성해온 라이프스타일과 잘 맞아떨어졌다.

그리고 이 트렌드는 소비 천국인 미국에까지 전파되었다. 그러나 미국의 소비 스타일은 크게 변하지 않았다. 빚을 내서라도 소비하는 미국인들의 삶은 서브프라임 모기지 사태라는 참극을 불러오고 세계 경제를 불황의 늪으로 빠뜨리는 데 일조했다.

에리히 프롬의 말저럼 '존재'의 가치에 눈뜨면 '소유'는 보잘것없는 것으로 간주된다. 소비를 통해 자신을 드러내는 것은 천박한 행동이다. 화려한 소비를 하지 못한다고 해서 주눅이 들 필요도 없다. 특히 소비에서 비교는 무의미하다. 앞에서 내 경험을 통해 이야기했듯 본질적으로 소비는 소득이나 행복과 관련이 없다. 특히 그 사람의 가치와는 아무런 관련이 없다.

구두가 닳는 것을 막으려고 굽에 징을 박아 신고 다녔다. 계속 굽을 갈아가며 같은 디자인의 구두를 30년 넘게 신었다. 그가 세상을 떠나고 유물 중에 구두가 공개됐는데, 구두 양쪽 엄지발톱 위에 각각 구멍이 나 있었다.

입고 다니는 옷은 춘추복 한 벌로, 겨울에는 양복 안에 내의를 입고 지냈다. 그의 등산 바지는 재봉틀로 깁고 기운 지게꾼 바지와 다름없었다.

거실 소파의 가죽은 20년 이상 사용해 해져 허옇고, 의자와 테이블의 목재들은 칠이 벗겨져 수리한 자국을 여기저기서 볼 수 있었다.

그 흔한 그림이나 장식품도 없었고, TV는 요즘 흔히 볼 수 있는 대형 브라운관이 아닌 17인치 소형이었다.

어느 가난한 노인이 이렇게 살았을까? 이 이야기의 주인공은 현대그룹 창업주인 고 정주영 회장이다. 고인수 성균관대 상임이사가 개인 홈페이지(http://www.kosoo.net)를 통해 밝힌 내용을 인용해보았다.

아직 한창 젊은 내가 은퇴준비를 하는 분들을 대상으로 검약을 이야기하는 것은 사실상 무의미하다. 이미 삶을 통해 검소한 삶의 가치를 이룬 분들일 가능성이 크기 때문이다. 그렇지만 은퇴 후의 소비에 대해 어처구니없는 말을 늘어놓는 사람들이 존재하기 때문에 격에 어긋나는 이야기를 할 수밖에 없다.

은퇴 후 행복한 삶을 위해 매달 수백만 원 이상이 필요하다며 겁을 주는 것은 험난한 세월을 다부지게 돌파하며 근검이 몸에 밴 건전한 소비인인 한국 은퇴자에 대한 모독이다. 이런 모욕적 공포 마케팅을 당당히 거부해야 한다.

건전한 소비와 의미가 넘치는 생활을 통해 돈에 크게 연연하지 않는 아름다운 노후를 보낼 수 있음에 대해 자신감을 품어야 한다. 이런 멋진 기풍이 은퇴자와 은퇴를 앞둔 사람들의 삶 속에 깊이 새겨져 있다. 그리고 이것은 우리 민족의 유전자이다. 선비정신의 지적·문화적 전통을 통해 장구하게 계승된 것이다.

노후의 사치스러운 생활을 위해 은퇴설계를 하는 분들은 별로 없을 것이다. 은퇴 후의 삶의 품격과 가치를 높이는 것이 그 목표다. 은퇴연금에 목숨을 걸지 않아도 되는 이유가 여기에 있다. 검소한 삶의 행복에 대해 자신감을 품고 혹 잠시 잊고 있을지도 모르는 근검의 습관을 다시 일깨우는 훈련을 하는 것은 은퇴준비의 필수 요소이다. 그리고 은퇴 세대야말로 사치와 방종에 찌들어가는 젊은 세대를 일깨울 우리 사회의 유일한 희망이다.

우리 사회에 대한 자신감

현재 우리 사회는 이미 은퇴했거나 은퇴를 앞둔 분들을 불안하게 한다. 사회적 안전판이 부족하다. 그나마 존재하는 복지정책도 오락가락한다. 국민연금 급여와 지급 시작 시점도 정부 형편 따라 자주 바뀌는 것 같다. 정년퇴직한 사람이 즐겁게 일할 만한 좋은 일자리는 찾기조차 어렵다. 기업들이 재취업의 문을 닫아놓고 있다. 은퇴자의 소중한 노후자금을 노린 사기도 기승을 부린다. 은퇴 후 창업을 해서 성공하는 확률도 높지 않다. 게다가 나이 든 사람에 대한 사회적 존경심도 없고 세상이 온통 철없는 아이들 중심으로 흘러가는 것처럼 느껴진다.

이런 형국에 우리 사회에 대한 자신감을 품으라는 이야기는 세상 물정 모르는 소리로 여겨질 수도 있다. 그렇지만 우리 사회에 대해 절망하고 개탄만 하고 있어서는 아무것도 이룰 수 없다. 한 사회의 발전에는 심리적 영향이 강하다. 구성원들이 그 사회의 긍정적 발전을 신뢰할 때 그 자신감들이 모여 발전의 동력을 만들어낸다. 그리고 긍정적 관점을 갖고 미래를 준비한 사람만이 개인적 발전을 이룰 수 있다.

세계적인 동아시아 전문가로 한국에서 오랫동안 살며 한국을 깊이 연구한 임마누엘 페스트라이쉬(한국 이름 이만열) 교수는 『한국인만 모르는 다른 대한민국』 등의 책을 통해 한국이 선진국이라고 말하는 데 조금도 주저하지 않는다. 모든 면에서 선진국인 나라는 없는데 여러 측면을 종합적으로 비교·검토해보았을 때 대한민국은 이미 선진국 대열에 올라섰다는 것이다. 그런데 정작 한국인들은 자신의 나라가 선진국임을 믿지 않으며 자부심도 품지 않고 그것을 세계에 알리지도 않는다고 한다. 그런 자기 인식과 자신감 부재가 진정한 발전을 가로막고 있다고 평가한다.

페스트라이쉬 교수는 5,000년의 빛나는 전통문화를 가진 한국은 세계 어느 나라보다도 높은 지적 수준과 교육열, 기술적 능력 등을 갖추고 있음을 조목조목 밝힌다. 그는 심오한 철학 세계, 민주정치의 전통, 선비정신, 예학, 병세의식, 개방적 교류 관행, 사랑방 문화, 참선과 명상, 자연 친화적 유기농업과 풍수 등의 과거 전통이 면면히 이어져 현대 한국의 저력이 되고 있다고 분석했다. 그런데 강대국 사이에 낀 새우 콤플렉스에 빠져 소중한 도약의 기회를 놓치고 있다고 지적했다. 관건은 선진국으로서의 정체성이다. 그런 자신감을 품고 그에 걸맞은 실천을 할 때 한 단계 더 높은 사회를 이룰 수 있다는 것이 페스트라이쉬 교수의 주된 논지이다.

한국에 대해 잘 아는 전문가일수록 한국 사회에 대해 경탄을 금치 못한다. 세계를 이끌어갈 새로운 가치를 품은 사상과 문화를 가졌을 뿐 아니라 수많은 외침과 전쟁·국권 박탈·경제적 폐허·군사독재의 절망적 상황을 극복하고 번영과 민주주의를 일군 저력과 역동성은 세계 어느 나라에서도 유례를 찾기 힘들다. 이런 나라가 고령화의 인구 구조 변화 정도에 맥없이 주저앉을 리는 없다. 오히려 세계 은퇴 문화의 새로운 전형을 만들어낼 가능성을 가지고 있다.

내세우지는 않았을 뿐 강력한 힘을 가진 우리는 어떤 상황에서든 발전을 이루어냈다. 그 능력이 지금도 이어지고 있다. 우리 사회는 과정상의 진통은 있겠지만 통합적 가치와 구성원들의 이익 간에 조화를 창출하며 계속 전진할 것이다. 은퇴설계를 할 때 이런 믿음과 자신감이 뒷받침되는 것이 좋다고 본다. 그런 점에서 사회 공동체의 역할을 폄하하며 은퇴자를 겁주는 공포 마케팅은 사회 전체에 관한 일종의 모욕인 셈이다.

요즘 '갑의 횡포'와 '을의 비애'가 사회적 이슈가 되고 있다. 강자에 의한 불공정한 거래 관행이 속속 드러나며 제도적 개선의 움직임이 보이기 시작했다. 그런데 늘 존재해오던 이런 문제가 갑자기 요즘 들어 불거진 이유가 무엇일까? 나는 베이비붐 세대의 은퇴시점과 깊은 상관이 있다고 본다. 베이비붐 세대 중 상당수가 은퇴 후 창업 등을 통해 '을'의 자리에 설 것이다. 이를 위해 악하고 불리한 관행을 제거하려는 열망과 이해관계가 합쳐져 비판정신을 이루어내었다고 생각한다.

이 책을 마무리하는 시점에 '기초연금'에 관한 논의로 세상이 시끄럽다. 정부의 계획이 결코 만족스러운 수준은 아니다. 약속을 어기는 점이 야속하다. 그러나 예전보다 대폭 인상(발전)된 것은 분명한 사실이다. 혼란스러웠던 국민연금도 구체적인 체계를 잡아가고 있다. 퇴직연금도 확산 추세이다. 정년이 법적으로 연장되었으며 기업들도 장년층 고용의 효용을 인식하기 시작했다. 지방자치단체와 지역 복지기관, 종교단체 등은 시니어를 위한 프로그램을 계속 확대하고 있다. 사회적 연령차별을 해소하려는 의식이 조직화 되기 시작했다. 훌륭한 은퇴자들이 많이 나와서 새로운 전형을 창조하고 있다.

은퇴를 준비하는 사람이라면 우리 사회의 발전에 대한 자신감을 품어야 한다. 수동적으로 대책 없이 낙관만 해야 한다는 뜻은 결코 아니다. 비전과 전망을 갖고 사회를 바꾸어야 한다. 특히 이해당사자가 이 일을 더 잘할 수 있다. 그리고 이런 긍정적 미래관 속에서 적극적인 은퇴설계가 이루어져야 한다.

본질적 은퇴설계는 개인적 차원에서 끝나지 않는다. 사회 전체의 노력이 필요하다. 그러니 어떤 점에서 은퇴설계란 개인적 준비와 함께 사회를 바꾸어가는 과정이라고 할 수 있다. 대한민국은 은퇴자들이 더 잘살 수 있는 곳으로 변모하고 발전해나갈 것이다. 이는 그것을 믿고 준비한 사람들의 중요한 역할이다. 그리고 높은 경륜과 인품, 능력을 갖춘 은퇴 세대가 지금까지 그랬듯이, 아니 지금보다 한층 더 우리 사회 발전에 이바지하는 혁혁한 공로를 세울 것이다.

지금 이 자리에서
은퇴설계가 시작된다

단절이 아니라 연속으로서의 은퇴설계

은퇴준비 상담을 진행하다 보면 은퇴 이전의 삶과 은퇴 이후의 삶이 완전히 분리되는 것처럼 생각하는 분들을 자주 만날 수 있다. 그리고 실제로 은퇴 후에 극심한 단절감을 경험하며 자존감의 상실, 허무함, 무력감 등을 호소하는 분도 많이 계신다.

나는 얼마 전 육군 대령으로 전역한 분을 만났다. 그분과 식당에서 점심도 함께하고 커피숍에서 차도 한 잔 마셨는데 흥미로운 점을 발견했다. 그분은 종업원들에게 무조건 반말을 했다. 그다지 폭압적이지는 않지만 군대에서 부하들에게 지시하는 말투 그대로였다. 그의 무의식은 아직 군대에 사는 것 같다. 그런데 의식은 외부적으로 큰 변화를 절감하고 있다. 이 둘 사이의 간극 때문에 예비역 대령께서는 얼마나 고통스러울까?

　은퇴 직후 심각한 수준의 단절감을 겪으며 무엇을 어떻게 해야 할지 갈피조차 잡지 못하는 분들이 많다. 그 대부분은 종합적인 은퇴준비를 하지 못한 경우이다. 앞의 예비역 대령께서도 군인연금 등으로 은퇴자금 면에서는 어려움이 없었다. 그러나 은퇴 후 생활을 어떻게 할지 미처 준비하지 못했다. 이것저것 생각해둔 것은 있었지만 구체적으로 준비를 하거나 훈련된 분야는 존재하지 않았다.

　미리 준비하지 않으면 은퇴 후 생활이 당혹스러울 수밖에 없다. 환경 하나하나가 모두 낯설게 느껴진다. 이런 단절감을 예방하는 좋은 방법의 하나는 은퇴 후 삶, 즉 미래 삶의 일부를 현재로 가져와서 훈련하고 경험하는 것이다. 예를 들어 은퇴 후 젊은 시절 꿈이었던 그림을 그리면서 살겠다는 계획을 세운 분이 있다고 하자. 만약 이분이 은퇴 후에 많이 그릴 것이니 지금은 회사 일에만 열중하겠다는 마음으로 아예 그림을 쳐다보지도 않는다면 막상 은퇴해도 이젤 앞에 서기가 쉽지 않다. 적어도 한두 해 전부터 미술학원 취미반에서 강습도 받고, 주말에 실제 작품도 그리면서 준비하고 적응해야 한다. 그러면 은퇴를 기점으로 직장생활은 단절을 겪겠지만 그림 그리기는 연속적으로 진행된다.

　은퇴는 중대한 변화이지만 삶 전체로 보았을 때 완전한 단절은 아니다. 기존 생활에 익숙해진 몸과 무의식 또한 그 중대한 변화를 미처 인식하지 못한다. 마음은 은퇴 전 직장에 머물러 있고 말과 행동 또한 은퇴 전에 형성된 습관을 따르려 한다. 그런데 냉혹한 세상은 이것을 수용하지 않는다. 마찰이 생기고 극심한 박탈감이 찾아온다. 무엇인 가를 시작하려 해도 두렵다. 내 생각과는 너무 다른 방향으로 세상이 돌아가서 당황스럽기만 하다. 충분히 준비된 은퇴자금도 이런 아픔을 치유해주지 못한다. 사실 이런 단절감은 스스로 초래했을 가능성이 크다.

은퇴하더라도 삶은 그대로 이어진다. 세상도 변하지 않는다. 정년퇴 직 다음 날에도 여전히 태양이 떠오르고 세상은 바쁘게 돌아간다. 나 만 단절되어 고통을 겪을 수는 없는 일이다. 은퇴 후 스트레스는 변화 의 파장이 클수록 극심해진다. 그리고 변화에 대처하는 태도에 따라 서도 다르다. 그러니 최대한 변화의 폭을 줄이고 변화에 대한 적응력 을 길러야 한다.

은퇴 후 삶의 중요한 부분을 현재로 가져와서 지금 당장 시작해야 한다. 그것이 은퇴준비의 핵심영역이다. 무엇을 해야 할지 모른다면 이것부터 생각해서 결정하라. 은퇴 후의 삶을 지금 시작하라. 그때 하 고 싶은 일이라면 그리고 그때 중요한 일이라면 지금도 하고 싶고 중요 한 일일 터이다.

지금 이 자리에서 잘하는 것이 최고의 은퇴설계

은퇴 후 단절감이 실제로 존재한다 하더라도 은퇴를 막막하고 두려운 미지의 영역으로 간주하는 것은 바람직하지 않다. 은퇴가 한 사람의 인생에 큰 변화를 동반하지만 그래도 그 사람 삶의 한 부분인 것을 부정할 수 없다. 그런 면에서 스스로 은퇴를 의식하지 않는 것이 급격한 변화의 고통을 줄이는 좋은 방편이 된다.

사실 은퇴설계는 다른 미래 계획과 크게 다를 것이 없다. 기업 경영자가 중기나 장기 사업계획을 세우는 것처럼 자연스럽게 은퇴설계를 해야 한다. 그리고 현재 삶과 연속적인 관점에서 은퇴 이후를 계획할 필요가 있다. 은퇴 이전의 나와 은퇴 이후의 나는 사회적 역할 면에서는 다를 수 있으나 존재론적으로는 같은 인물이다.

현재 직장이나 사업에서 은퇴시점을 얼마나 남겨두고 있든 관계없이 지금 이 자리에서 잘하는 것이 훌륭한 은퇴설계가 된다. 상당수 직장인은 정년 이후 자신이 그전에 하던 일과 똑같거나 비슷한 일을 계속해서 하게 된다. 은퇴가 부서이동이나 근무조건·신분상의 변화에 그치는 사례도 흔하다. 스스로 원한 경우도 있고 피치 못하게 그렇게 된 경우도 많다.

지금 직업에서 최선을 다하는 것이 그 자체로 훌륭한 은퇴 후 직업설계가 될 수 있다. 내 대학 동기의 삼촌은 냉동장치 엔지니어이다. 그분은 직장에서 성실하고 동료에게 배려가 깊은 것으로 유명했다. 그런데 회사 규정에 따라 만 55세에 정년퇴직할 수밖에 없었다. 그때 자녀들이 출가하지 않았을 뿐 아니라 아직 대학에 다니는 아들도 있어 고민이 이만저만이 아니었다. 그러던 중 회사에서 연락이 왔다. 대체할 만한 적임자를 찾지 못했는데 계약직으로 2년만 더 근무해달라는 부탁이었다. 그분은 회사로 돌아가 이후 2년간 예전처럼 성실히 일했다. 2년이 지난 후 다시 계약이 2년 더 연장되었다. 그렇게 근무한 후 거래하던 냉동회사로부터 공장장으로 와달라는 제안을 받고 직장을 옮겼다. 현재 64세인 그분은 회사의 중심인물로 활발히 활동하고 있다. 별다른 은퇴준비를 하지 않았던 내 친구의 삼촌은 그저 자신의 자리에서 성실히 일하는 것만으로 훌륭한 은퇴설계를 했던 셈이다.

꼭 이런 경우가 아니더라도 현재 내 자리에 충실한 것을 은퇴설계의 핵심으로 여겨야 한다. 지금의 직무상 지식과 기능은 은퇴 후 직업생활의 밑바탕이 된다. 지금 만나는 사람들이 은퇴 후 인적 네트워크의 골간을 이룰 것이다. 지금 취미생활이 은퇴 후 직업이 될 수도 있다. 지금 가끔 봉사하는 곳이 내 은퇴 후 삶의 가장 중요한 가치와 의미로 새롭게 자리매김할 수도 있다. 지금과는 판이한 영역으로 은퇴 후를 예정하고 있다 하더라도 마찬가지다. 은퇴준비 때문에 현재 삶을 충실히 하지 않는다면 그것만큼 어리석은 일은 없다.

굳이 행복을 은퇴 후로 미룰 필요는 없다. 지금 정기적인 건강검진을 받고 생활습관을 개선하는 것이 건강한 노후로 바로 이어진다. 은퇴 후 주어지는 풍부한 시간을 이용해 가족과 잘 지내겠다며 그 소중한 실천을 뒤로 미룬다면 장래를 기약할 수 없을지도 모른다. 지금 사람들과 잘 소통할 수 있는 능력과 열린 태도를 형성하지 못한다면 은퇴 후에 갑자기 그런 성품이 생기지 않는다.

많은 이들이 미래를 위해 현재의 고통을 감내하는 것이 은퇴설계라 여긴다. 그러나 사실은 전혀 그렇지 않다. 은퇴설계는 '카르페디엠'이다. 오늘을 마음껏 즐기는 것이 진정한 은퇴설계다. 그 속에 미래의 인품, 지혜, 능력, 직업, 관계, 건강, 여유가 있다. 자신의 자리에서 오늘을 열심히 사는 것, 그것이야말로 최고의 은퇴설계다.

위험한 은퇴설계를 경계하라

은퇴자를 노리는 하이에나들

우리 연구소의 컨텐츠사업부문장은 강의를 할 때면 늘 기분 나쁘게 생긴 하이에나 사진을 화면을 띄워놓는다. 은퇴설계 과정에서 불순한 의도를 가진 사람들을 경계해야 할 필요성을 시각적으로 강조하기 위해서이다.

지금처럼 은퇴에 대한 공포 마케팅이 만연하면 사람들의 마음이 약해진다. 이렇게 겁을 먹은 사람들 틈새로 하이에나가 파고들어 음흉스러운 표정으로 때를 기다린다. 은퇴에 대한 합리적 자신감을 가져야 함은 지금까지 계속 강조해왔다. 은퇴를 준비하는 사람은 이런 굳건한 심지를 바탕으로 주변에 몰려든 하이에나를 구별하고 퇴치할 수

있어야 한다.

금융사기가 가장 대표적인 하이에나다. 우리나라 50~60대의 5%가 사기를 당한다. 평균 피해금액도 8,000만 원에 이르는데 이 정도면 심각한 사회문제라 할 수 있다. 단군 이래 최고의 사기극으로 불리는 '조희팔 사건'이 있다. 그 피해금액은 4조 원 정도로 추산되는데 확실한 내역조차 파악할 수 없을 정도라고 한다. 이 조희팔이 강의하는 동영상을 본 적이 있다. 한눈에 보아도 조악한 안마 의자를 분양하면서 그는 "300~400만 원 하는 이 의자 하나를 임대하면 월 10~20만 원이

나온다. 이것이 여러분의 노후 연금"이라며 목소리를 높였다. 청중들은 '연금'이라는 말 한마디에 환호하며 손뼉을 쳤다. 조희팔은 은퇴했거나 은퇴를 앞둔 사람들의 심리적 약한 고리를 파고들었고 결국 수많은 이들에게 씻을 수 없는 상처와 손실을 남겼다.

꼭 사기 수준까지는 가지 않더라도 프랜차이즈 창업을 부추기는 업체들의 감언이설도 위험하기는 마찬가지다. 설명회에 참석해보면 자신들 프로그램에 따라 창업하고 운영하면 고수익을 올릴 것처럼 핏대를 올린다. 조건도 좋고 지원도 든든해서 가맹점들이 대부분 성공했다고 말한다. 그런데 실제로 창업하면 그렇지 않은 경우가 많다. 은퇴 후 창업자 18.5%가 1년 안에 문을 닫고 절반 가까이는 3년 안에 폐업하는 참혹한 현실이 있음을 항상 염두에 두어야 할 것이다.

상가나 오피스텔을 분양받으면 임대를 100% 보장한다는 유혹도 있다. 매월 안정적으로 수입이 생긴다는 말에 솔깃해하는 사람이 많다. 그런데 실제로는 임대가 잘되지 않고 몇 개월에서 몇 년씩 비워두는 곳도 있다. 계약 당시와 말이 다르지 않냐고 항의하면 오히려 계약서 어디에 그런 약속이 있느냐고 역정을 낸다.

이런 자격증을 따면 유망하다고 홍보에 열을 올리는 업체도 있다. 대개 학원이나 자격증 교육기관이다. 합격률도 높고 수입도 좋다고 한다. 나중에 일거리를 알선하겠다는 곳도 있다. 그런데 공신력이 떨어지는 민간 자격증이 대부분이다. 우리나라의 직업세계는 경쟁이 치열하다. 변호사나 회계사 같은 최고 전문 자격도 그 자체로 고수입을 보장하지 못한다. 인지도, 능력, 네트워크가 우수해야 생존할 수 있다. 이런 현실에서 자격증 하나만으로 무언가 잘할 수 있다는 말은 합리성이 떨어진다. 그래서 수업료나 교재비만 날리고 끝나는 경우가 허다하다.

취업사기도 비일비재하게 일어난다. 취업공고를 낼 때에는 '세일즈'라는 이야기를 전혀 하지 않다가 나중에 본색을 드러낸다. 어떤 회사는 일정 물량을 판매하는 것이 정규직이 되는 수습과정인 것처럼 거짓말을 늘어놓는다. 취업보증금을 받고 튀어버린 사례도 종종 있다.

가까이 있는 사람, 믿었던 사람이 하이에나로 돌변하기도 한다. 은퇴자들은 퇴직금 등 목돈을 가지고 있기 때문에 그것을 이용하려는 사람들의 유혹이 끊이지 않는다. 투자나 동업 제의가 잦을 수밖에 없다. 이 중에는 악한 의도로 접근하는 사람도 있고 애초 의도는 좋았지만 돈이 거짓말을 하는 바람에 본의 아닌 피해를 끼칠 때도 있다.

이 모든 하이에나는 선량한 은퇴자의 가슴을 갈기갈기 찢어놓는다. 평생에 걸쳐 모은 소중한 돈과 기회를 통째 날리거나 열정과 시간, 기회를 모두 소진하고 절망의 나락에 빠지는 은퇴자들이 많다. 그런데 조금 더 경계하고 합리적으로 판단한다면 이런 하이에나의 덫에서 빠져나올 수 있다.

최고의 정보와 기회는 최고의 위험이다

유럽의 전설적 투자자 앙드레 코스톨라니는 "정보를 얻었다는 것은 종종 망했다는 뜻이다"라고 꼬집었다. 유망한 정보와 기회는 좀처럼 찾아오지 않는다. 그것을 다른 사람으로부터 전해 들었다면 일단 신 빙성이 떨어진다. 그 다른 사람이 이해관계 당사자라면 더욱 믿기 힘 들다. 하필이면 왜 나에게 이런 정보와 기회가 주어지는지 세심하게 살필 필요가 있다. 하이에나들은 마감 효과를 잘 이용한다. 지금 즉시 하지 않으면 기회가 사라질 것처럼 말한다. 차분히 조사하고 생각할 시간을 빼앗기 위해서이다. 그래서 어리숙한 사람들은 감정적 흥분 상태에서 중요한 계약을 하고 거액을 지불해버린다. 나중에 후회하면 이미 늦다.

은퇴를 준비하는 사람은 예기치 않은 기회와 정보가 주어졌을 때, 그것이 행운처럼 여겨질 때, 판단의 시간이 부족할 때 본능적으로 불 운을 직감해야 한다. 자세히 확인하고 심사숙고할 시간이 없다면 차 라리 그 기회를 놓치는 편이 훨씬 더 낫다. 은퇴를 준비하는 사람은 자 칫하면 노후 자금 모두를 날리고 회복할 수 없는 상처를 남길 수 있는 위험한 사기에 미리 대비해야 한다. 그 방법은 다음과 같다.

첫째, 모든 면에서 합리적 의심을 품어야 한다. 앞에서 말했듯 우연 히 나에게 좋은 기회와 정보가 흘러들 가능성은 매우 낮다. 오랜 친구의 그럴듯한 제안도 일단은 의심해보아야 한다. 둘째, 입체적으로 점검하라. 무엇인가 중요한 의사결정을 할 때는 최소한 대여섯 가지 측면을 교차해서 확인해야 한다.

① 기본 정보. 그 업체나 개인이 계약 당사자인지부터 확인해야 한다. 남의 이름을 파는 경우도 많다. 그 사람이 준 명함이 아니라 객관적인 경로로 그 회사와 그 부서의 전화번호나 주소 등을 파악하고 내용에 대해 문의하면 실상을 확인할 수 있다.

② 공신력이 보장된 정보. 제안하는 사람이 내놓은 보고서나 해당 회사의 웹사이트 등은 신뢰할 만한 자료가 아니다. 객관적인 3자의 정보를 참고해야 한다. 예를 들어 프랜차이즈 창업을 한다면 프랜차이즈협회 등의 사이트를 통해 내용을 파악할 수 있다. 먼저 상대방이 공신력 있는 기관에서 검증한 개인이나 업체인지를 확인하다. 그리고 실제 사업 실적은 어떤지 등에 대해 협회나 검증기관이 내놓은 자료를 참고해야 한다. 객관적으로 검증할 기관이 존재하지 않는다면 문제의 소지를 안고 있는 셈이다.

③ 실제 참여자. 예를 들어 프랜차이즈 창업을 한다면 그 회사의 가맹점 중 여러 곳을 임의로 선정한 후에 직접 방문해서 자세한 내용을 들어보는 것이 좋다. 이 과정에서 수치로 드러나지 않는 위험성을 간파할 수도 있다.

④ 업계 전문가. 해당 내용에 정통한 전문가와 상담을 거치는 과정은 매우 유익하다. 예를 들어 식당을 창업할 예정이라면 식당 창업 및 경영 전문가를 만나서 전망, 상권, 수익률, 애로점 등에 대해서 충분히 대화하는 것이 좋다.

⑤ 법률 전문가. 계약 내용에 대해 변호사에게 미리 법률적 자문을 받음으로써 문제의 소지를 미연에 방지할 수 있다. 협의한 내용과 계약의 내용이 일치하는지, 계약 이행의 유불리는 어떤지 등에 대해 꼼꼼하고 전문적인 점검이 필요하다.

⑥ 평판 조회. 단순한 인터넷 검색을 통해 상대방의 실상을 한눈에 파악할 수도 있다. 이때 좋은 정보가 올라오도록 조작하는 경우도 많으니 특히 주의해야 한다. 검색어에 '피해 사례', '사기' 등 부정적 검색어를 함께 포함하면 더 신뢰성 있는 정보를 얻을 수 있다. 친구 등 아는 사람과 거래할 때도 그 사람을 잘 아는 복수의 지인에게 내용을 충분히 물어보는 것이 좋다.

셋째, 어떤 제안을 받든 객관적 추가 자료와 검토할 충분한 시간을 요구하라. 결정을 재촉하는 사람은 위험성이 높다. 그 자리에서 상대방에게 즉각적인 호감을 보이거나 성급한 행동에 나서는 것은 극히 위험하다.

넷째, 공식적 절차를 거쳐라. 계좌번호를 받았다면 해당 회사 재무

팀 등에 확인해서 이것이 공식적 법인 계좌가 맞는지 확인을 거친 후에 송금한다. 대금 지불 때 에스크로 서비스(결제대행 기관이 거래 완료 전까지 대금을 맡아두는 것)를 이용하는 것도 한 방법이다. 중요한 계약은 변호사를 거쳐서 세부 조항을 확인하고 공증받은 후에 체결한다. 다소 비용이 들고 시간이 걸린다 해도 엄격한 공식 절차를 이용하는 쪽이 훨씬 안전하다. 상대방이 공식 절차를 회피하는지 확인할 계기가 된다는 점에서도 유용하다.

여러 측면에서 꼼꼼히 검토하고 확인한 후에 의사결정을 해야 한다. 한 가지라도 찜찜한 점이 있으면 철저히 규명한 다음에 행동하는 것이 마땅한 순서다. 이 찜찜했던 부분이 나중에 대형 사고의 불씨가 될 수도 있다. 그리고 객관성을 해치는 마음, 이를테면 은퇴에 대한 두려움, 기회에 대한 강한 기대, 그 사람에 대한 호감, 시간을 놓치면 기회가 없어질 것이라는 불안감 등을 버려야 한다. 평정심을 유지한 채 심사숙고하는 시간도 필요하다. 주변 사람들과 다양한 대화를 하고 이를 개방적으로 수용하면 한쪽으로 쏠렸던 마음의 균형을 찾을 수도 있다. 그리고 그 과정에서 뜻밖의 결정적인 정보를 얻는 이도 많다.

나는 은퇴준비가 되었는가?

나는 은퇴를 어떻게 받아들이는가

미국의 저명한 정신과 의사 한 사람은 "스트레스는 상황 때문에 발생하지 않는다. 상황에 대한 인식 때문에 발생한다"고 말했다. 똑같은 상황에 놓인 사람들의 스트레스 정도를 비교했는데 어떻게 받아들이는지에 따라 사람마다 차이가 컸다고 한다.

이처럼 같은 상황이 어떤 이에게는 가슴 설레는 도전 과제이고 어떤 이에게는 두려움의 대상이다. 은퇴도 마찬가지다. 객관적인 상황과는 관계없이 내가 어떻게 이 상황을 수용하느냐에 따라 마음가짐이 다르고 스트레스도 다르다. 이는 준비 측면에서도 차이를 만든다. 은퇴 후 삶도 확연하게 달라질 수 있다. 그러므로 내가 은퇴를 어떻게 받아들

은퇴의 긍정적 측면	은퇴의 부정적 측면
은퇴에 대해 기대되는 부분	은퇴에 대해 걱정되는 부분

이는지의 문제는 은퇴설계에서 결정적인 역할을 할 수 있다.

우리 연구소에서는 은퇴설계 상담을 할 때 아주 간단한 표를 이용해서 은퇴 수용도를 살펴보고 있다.

위의 표에 내용을 기입하는 과정에서 내가 은퇴에 대해 가진 심리적 관점을 파악할 수 있다. 그런데 실제 상담에서는 긍정적 측면보다는 부정적 측면이 더 강하게 나타난다. 현재 우리나라의 예비은퇴자들은 은퇴자금 문제에 사로잡혀 은퇴를 부정적으로 바라보는 경향이 강하다.

그래서 나는 대체로 은퇴의 자연스러운 측면, 삶의 연장선으로서의 속성을 상기시키고 자신감과 동기 고취 등의 과정을 거치면서 한 번 더 은퇴에 대한 생각을 정리하도록 유도할 때가 많다. 즉 기본적으로 은퇴의 긍정적 측면, 기회로서의 가치에 대해 재고하는 것이다.

특별한 기억도 있다. 어떤 분은 "더는 실적의 노예가 되지 않아서 좋다"라고 은퇴의 긍정적 측면을 썼고 가장 기대되는 점으로 "매일 도서관에서 시간을 보낼 수 있다"고 기록했다. 그분은 "아르헨티나의 소설가 보르헤스는 '천국은 도서관과 같을 것'이라고 했다는데 정년퇴직 다음 날부터 매일 천국으로 출근하리라 생각하니 가슴이 설렌다"고 말했다. 그분의 말과 진지하면서 행복한 표정이 매우 인상적이어서 계속 가슴에 남아 있다. 사실, 연금 등 재무적인 측면에서 그분의 은퇴 준비는 썩 좋은 편이 아니었다. 그런데도 은퇴 후 삶에 대한 긍정적 기대와 동기는 매우 강했다. 나는 은퇴 후 '도서관에서의 천국 같은 삶'이 현실적으로 방해받지 않도록 몇 가지 필수적인 준비를 할 필요가 있다고 제안했다. 그분은 그 준비 과정을 흔쾌히 받아들였다. 긍정적인 기대가 강한 목표를 만들어내며 실천을 이끌었던 것이다.

은퇴를 자연스러운 인생의 변화 과정으로 그리고 새로운 기회로 받아들이는 자세는 좋은 은퇴설계의 초석이 된다. 그런 면에서 은퇴의 긍정적 측면, 기회 요인을 다양하게 생각해보는 것이 좋다.

은퇴의 부정적 측면, 걱정되는 부분이 많이 나오는 것도 꼭 나쁜 현상만은 아니다. 가능하면 떠오르는 모든 내용을 기입하는 것이 좋다. 그러면 부정적 감정, 걱정의 실체가 확연히 드러난다. 캐나다 작가 어니 젤린스키는 『모르고 사는 즐거움』이란 책에서 우리가 하는 "걱정의 40%는 절대로 현실로 일어나지 않는 일에 대한 것이고 30%는 이미 일어난 일에 대한 것이며 22%는 사소한 것이고 4%는 우리의 힘으로는 어쩔 도리가 없는 것이며, 나머지 4%만이 자신의 힘으로 바꿀 수 있는 일에 대한 걱정"이라고 했다. 이 비율이 정확한지는 모르겠다. 그러나 우리가 쓸데없거나 해결할 수 없는 일에 대해 과도하게 걱정한다는 지적은 부당하지 않다. 은퇴에 대한 관점도 마찬가지다. 부정적인 부분, 걱정되는 부분 중 불합리한 것은 없는지 검토하고 삭제하면서 은퇴를 바라보는 눈을 새롭게 할 수 있다. 그리고 진정으로 염려해야 할 부분은 미리 준비함으로써 그 일이 실제로 일어날 확률을 낮추거나 그 결과를 가볍게 만들 수도 있다.

그렇다고 무조건 은퇴를 긍정적으로 받아들이고 기대하기만 하면 된다는 뜻이 아니다. 이 긍정적 마음은 실천적 준비를 통해 뒷받침되어야만 한다. 그래야 현실성이 있다.

나는 은퇴준비가 되었는가?

상담을 진행하면서 가끔 자신의 은퇴준비가 충분하다고 여기는 분들을 만난다. 대체로 재산이 많거나 연금이 풍족한 경우이다. 그런데 이분 중에는 정작 중요한 영역에서는 은퇴준비가 제대로 되어 있지 않

영역	나의 희망과 기대	현재 준비한 것	어려움을 겪는 부분
은퇴 후 직업			
건강 관리			
가족 관계			
인간관계			
봉사활동			
여가·집필·예술·취미			

영역	내용	필요 금액	현재 준비 정도
2차 출발자금 (창업자금 등)	점포 임대 보증금		
	인테리어 등 비용		
	초기 운영자금		
	초기 생활자금		
	예비비		
	합계		
생활자금	월 생활자금		국민연금:
			생활자금
			퇴직연금:
			개인연금:
			저축:
	생활 목돈		
리스크	가계 생계원 사망		
	질병 및 부상		
	중대한 질병 치료		
	간병 비용		

은퇴설계를 위해 정말 10억이 필요합니까?

은 사람들이 많다.

은퇴준비는 구체적인 실천이므로 추상적으로 생각할 대상이 아니다. 내 경우는 어떤지 자문해보자. 나는 거칠게나마 은퇴준비를 하고 있는가? 왼쪽 페이지와 같은 표를 통해 내 은퇴준비 정도가 어떤지 전반적인 관점에서 파악할 수 있다.

은퇴 후 생활을 위한 자금준비 또한 막연히 '얼마'로 접근하기보다는 자기 나름의 기준을 가지고 점검하는 것이 효과적이다.

그리고 준비에 대한 일정 계획에 대해서도 점검해본다. 은퇴까지 남은 기간에 연도별로 무엇을 중점으로 실천할지 대략적인 계획이 존재하는가를 확인하는 과정이다.

연차	연도별 중점 실천 계획(예)
D−5년(2014년)	
D−4년(2015년)	
D−3년(2016년)	
D−2년(2017년)	
D−1년(2018년)	

이 표에 다음 페이지와 같이 기록할 수 있다.

연차	연도별 중점 실천 계획(예)
D-5년(2014년)	영역별 준비계획 수립, 연금/보험 점검
D-4년(2015년)	은퇴 후 재취업 직업 선정. 교육 시작
D-3년(2016년)	재취업 교육받기
D-2년(2017년)	재취업 교육받기
D-1년(2018년)	가족과 은퇴에 대해 공유하는 시간.

나는 은퇴 이후 삶에 대한 구체적인 상이 있는가?

나는 은퇴 후에 어떤 삶을 살 것인가? 구체적으로 어떤 일상생활을 하게 될 것인가? 이것에 대한 구체적인 계획이 없는 사람을 뜻밖에 자

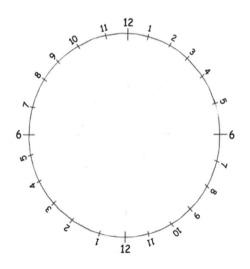

주 만날 수 있다. 나에게는 은퇴 후 생활이 어떨지에 대한 구체적인 그림이 있는지 아래 양식을 기입하면서 점검해보자.

첫 단계는 아주 간단하다. 초등학교 시절로 돌아가면 된다. 은퇴 후 나는 어떤 하루를 살아갈지를 생각하며 일과표를 작성해보자.

그리고 나의 은퇴 후 생애를 각 5년씩 5단계로 나누어 큰 그림을 그려본다. 이른바 은퇴 후 5차 5개년 계획을 세우는 것이다.

구분	연령	중점적으로 할 일
1차 5개년 계획	60–65	
2차 5개년 계획	66–70	
3차 5개년 계획	71–75	
4차 5개년 계획	76–80	
5차 5개년 계획	80 이후	

예를 들어 아래 표와 같은 계획을 세울 수 있다.

구분	연령	중점적으로 할 일
1차 5개년 계획	60–65	대학원 진학 후 학위 과정 시작.
2차 5개년 계획	66–70	학위 취득. 연구 성과를 집필. 출판.
3차 5개년 계획	71–75	가르치고 지도하고 연구한다.
4차 5개년 계획	76–80	연구를 심화하여 남길 만한 업적을 쌓음.
5차 5개년 계획	80 이후	휴식을 취하며 후세대를 상담한다.

지금까지 내 은퇴준비 정도를 점검하는 다양한 체크리스트를 살펴보았다. 점검표이긴 하지만 이 양식을 바탕으로 실제 계획을 수립할수도 있다. 덧붙여 다음에 나오는 계획 수립 과정을 따르면 더욱 효과적이다.

은퇴설계의 본질을
회복한다

　지금까지 잘못된 경향으로 치우치고 있는 한국 은퇴설계 트렌드에 대해 비판적으로 다루었다. 그리고 은퇴설계를 둘러싼 편견과 두려움을 지적하며 희망적 전망과 자신감을 바탕으로 한 긍정적 계획이 필요하다고 역설하였다. 이는 한마디로 본질에 입각한 은퇴설계를 하자는 이야기와 일맥상통한다. 그러면 은퇴설계의 본질은 무엇인가? 국내외 관련 자료를 공부하고 또한 현장에서 상담을 진행하면서 은퇴설계의 본질을 꿰뚫는 몇 가지 질문을 발견하였다.

　첫째, 나의 사명(꿈, 비전, 목표, 생애 채무)은 무엇인가?
　둘째, 은퇴 후 나는 누구와 어디서 무엇을 하며 어떻게 살 것인가? 그것은 내가 진정으로 바라는 의미 있는 것인가?

셋째, 앞의 두 가지를 하기 위해 필요한 것은 무엇인가?

넷째, 필요한 것을 마련하기 위해 지금 무엇을 할 것인가? 앞으로 무엇을 해나갈 것인가? 그리고 예상되는 위험은 무엇이고 어떻게 대비할 것인가?

약간은 근본적이며 추상적으로 느껴질 수도 있겠지만 이런 본질적 질문을 통해 현재 나를 파악하며 또한 은퇴 후 미래를 설계하는 과정이 꼭 필요하리라 생각한다. 그리고 근본적 가치에 뿌리를 내린 계획들이 더 구체적이며 실현 가능하고 동기부여가 잘 된다.

사명을 생각하라

교보생명 상무를 역임하고 현재 은퇴설계 전문가로 활동하고 있는 전기보 선생은 『최고의 인생 최고의 계획』이라는 독특하고 탁월한 은퇴설계 워크북을 출판한 바 있다. 그 책이 제시하는 은퇴설계는 매우 흥미로운 질문으로 시작된다. 나는 하늘나라에서 지구로 파견된 천사이다. 지구로 출발할 당시 신으로부터 사명을 부여받았는데 그것이 무엇인지 기억해보라는 내용이다. 꼭 이렇게 숭고하기까지는 않더라도 나의 사명으로부터 은퇴설계를 시작하는 것은 매우 타당하다.

인생 전체에 걸쳐 꼭 이루어야 할 혹은 이루고 싶은 꿈이 있는가?

달성해야 할 목표가 있는가? 어떤 이는 '생애 채무'라는 용어를 사용한다. 이 표현은 매우 선명하다. 실제 '빚'이 아니라 전 인생을 통해 이것만은 하고 떠나야 할 책임과 부담, 과제를 떠올리게 한다.

피터 드러커는 자신의 인생을 바꾼 질문 중 하나로 "죽은 후에 어떤 사람으로 기억되기를 원하는가?"를 꼽았다. 나의 묘비에 들어갈 문구를 정해놓고 자신의 가치를 세우고 여기에 걸맞은 삶을 살라는 주문이다.

어떤 표현을 쓰든 인생 전체의 연장선에서 꼭 하고 싶거나 해야 할 것(혹은 삶의 태도 등)을 구체적으로 그리는 과정이 꼭 필요하다. 이는 '버킷리스트(죽기 전에 꼭 하고 싶은 소원 목록)'보다는 집약적이고 단순해야 한다. 또한 간결하면서 가치 지향적인 것이 좋다.

예를 들어보겠다. 나의 전 직장 대표께서는 "가장 정직한 금융회사를 만들고 그것을 전파하겠다"는 비전을 가지고 계신다. 그러면 이분께서는 은퇴 후에 자신이 일으킨 회사가 정직함을 바탕으로 계속 운영되도록 지원할 것이며 정직한 금융 관행에 대해 연구하고 강의하는 삶을 생각할 수 있다.

내 선배 중 한 사람은 "만 권의 책을 읽고 열 권의 책을 쓰겠다"는 학구열 가득한 목표가 있다. 그런데 이 선배는 바쁜 직장생활에 눌려 책을 쓰는 일에 엄두조차 내지 못하고 있다. 그렇지만 은퇴 후에는 그동안 미뤄두었던 책을 읽고 꼭 열 권의 집필을 하리라 단단히 벼르는 중이다.

중견기업의 관리자로 일하는 어떤 분은 인천이 고향인데 지역 사랑이 남다르다. 그는 인천의 역사를 깊이 연구해서 널리 알리겠다는 포부가 있다. 현재도 관련된 활동에 참여하며 공부하고 있는데 은퇴 후에는 지역 역사와 문화를 전시하는 카페 같은 작은 공간을 운영하며 웹사이트나 출판을 통해 인천의 역사와 문화 이야기를 널리 알리겠다고 계획을 밝혔다.

한 의사 선생님은 "가난하고 병든 이들을 위해 헌신하겠다"는 사명감이 있었다. 청년 시절 품은 이 마음은 늘 생애 채무처럼 느껴졌다. 그는 비교적 이른 시기에 은퇴했고 재산을 정리해서 아프리카로 의료봉사를 떠났다. 그곳에서 가난한 환자들을 돌보며 헌신하는 삶을 살고 있다.

이처럼 사명, 꿈, 가치, 비전, 목표 등을 재정립하는 과정에서 은퇴 후 생활의 골격을 잡을 수 있다. 그리고 자신이 원하는 삶이기 때문에 그것을 준비하고 실제로 살게 될 때 진정한 행복에 도달할 수 있다.

누구와 어디서 무엇을 하며 어떻게 살 것인가?

육하원칙에 입각해서 간명한 은퇴 플랜을 그려볼 수도 있다. 이 방법은 막연한 예측에 골격을 세워주기 때문에 은퇴설계를 위한 기본을 잡는 데 효과적이다.

① 누가: 내 은퇴설계이므로 '누구와'로 바꾸어 생각한다. 예를 들어 '아내와', '가족과', '사업 파트너와', '종교 공동체 구성원들과' 등을 생각할 수 있다.

② 언제: 당연히 은퇴 후가 된다. 단계를 나누어 세부적으로 생각할 수 있다. 예를 들어 '65세부터 70세까지는', '71세부터 80세까지'는 등이다.

③ 어디서: 은퇴 후 주거하거나 주로 활동할 곳을 생각한다. 예를 들어 '현재 사는 집에서'나 '뉴욕에서', '아내의 고향 농촌 마을에서', '새로운 국내 대도시에서' 등을 떠올릴 수 있다.

④ 무엇을: 직장생활이나 창업, 봉사활동 등 주된 삶의 형태가 무엇인지 계획한다.

⑤ 어떻게: 원하는 삶의 형태를 이어가기 위한 방법이 무엇인지를 점검한다. 예를 들어 직장생활의 연장이라면 '건강에 무리가 가지 않도록 시간을 정하되 전문성을 충분히 살려서'라고 계획할 수 있다.

⑥ 왜: 이 계획들은 내가 진정으로 원하는 것들인지, 의미가 있는지 등을 성찰해본다.

무엇이 필요한가?

앞의 두 과정을 통해 은퇴 후 삶의 모습을 그려보면서 은퇴설계의 큰 틀을 세울 수 있다. 그다음으로 이러한 삶을 위해 구체적으로 필요한 것이 무엇인지, 어떤 시기에 어떤 자원이 투입되어야 하는지 등을 점검한다.

인천을 사랑하는 분의 예를 들어보자. 그는 인천의 역사와 문화를 전시하는 카페를 운영하며 출판과 웹사이트를 통해 관련 콘텐츠를 보급한다는 목표가 있다. 그리고 "아내와, 60세 이후부터, 건강이 허락할 때까지, 인천의 소규모 아파트에 살며, 전시 공간형 카페를 운영하되, 정기적으로 연구와 발표, 전시회를 겸한다. 이 삶은 내가 그려오던 것으로 나와 아내에게 행복한 노후를 선사할 뿐만 아니라 지역사회와 후배들에게 도움이 되는 것이다." 하는 육하원칙 계획을 잡았다.

이 목표와 계획을 실현하기 위해 현재 52세인 이분이 8년 동안 준비해야 할 목록이 나왔다.

① 자금: 작은 카페를 열어서 운영할 수 있도록 임대보증금, 인테리어 비용, 관련 자료 구입 및 확보 비용, 초기 운영비 등의 자금을 마련해야 한다. 조사해보니 작은 규모로 시작할 경우 7,000만 원 남짓이 든다.
② 인맥: 지역 학자나 관심 있는 사람과의 든든한 네트워크가 필요하다.
③ 학습: 인천 역사와 문화에 관한 다각도의 학습을 해야 한다.
④ 교육훈련: 카페 운영을 위해 바리스타의 역량을 쌓고 자격증을 따는 게 좋겠다.
⑤ 카페 창업과 운영에 대한 지식이 필요하다.

⑥ 웹사이트 운영을 위한 지식과 경험도 요구된다.

⑦ 글쓰기 능력 배양도 필수적이다.

⑧ 신체적·정서적 건강과 가족관계 등 삶의 근간이 흔들리지 않게 한다.

구체적 은퇴준비계획 수립

삶의 목표와 은퇴 후 계획을 수립하고 이를 위해 필요한 자원이 언제 얼마나 조달되어야 하는지가 나오면 그것을 마련할 구체적인 계획을 수립해야 한다. 부문별 계획과 함께 준비 일정도 구체적으로 마련한다.

앞의 사례를 이어서 보면 다음 표와 같은 준비계획을 수립할 수 있다.

이런 계획 수립을 위해 필요한 자금을 어떻게 조달할지, 구체적으로 어떤 일을 언제 할 것인지 그리고 예상되는 위험이 무엇이고 이에 어떻게 대비할지 효과적으로 살펴볼 수 있다. 계획의 기본 틀을 유지하되 상황 변화에 따라 능동적으로 대응하여 풍부하게 보완하고 수정하는 것이 좋다.

분야	내용	방안	52	53	54	55	56	57	58	59	60	계속
자금	거주지 마련	현재 서울 집은 매각 또는 임대하여 이주 거주자금 마련. 차액과 현 저축액은 두 아들 결혼자금.									■	
	창업자금 7,000만 원 (현재 가치)	정기적금과 적립식 펀드(월 75만 원)	■	■	■	■	■	■	■	■	■	
	생활비	카페 수익금과 국민연금										■
		75세 이후 대비 장기연금(월 30만 원)	■	■	■	■	■	■	■	■	■	■
	리스크 대비	조기 사망 대비: 기존 정기보험 (월 7만 원)	■	■	■	■	■	■	■	■	■	■
		실손 의료보험: 기존 실손보험 (부부, 월 7만 원)	■	■	■	■	■	■	■	■	■	■
		중대 질병 대비: 암+중대질병 대비 보험 추가(부부, 월 10만 원)	■	■	■	■	■	■	■	■	■	■
		간병기 대비: 간병 대비 보험 추가 (부부, 월 10만 원)	■	■	■	■	■	■	■	■	■	■
인맥	모임 참여	지역 관련 연구 모임 가입 회원으로 활동	■	■	■	■	■	■	■	■	■	■
	교류 확대	관련 학자 및 전문가, 애호가 정기적으로 방문 교류	■	■	■	■	■	■	■	■	■	■
학습	대학원 진학	지역학 전공으로 석사 과정 입학할 수 있게 수험 준비	■	■								
		지역학 전공 석사 과정 졸업				■						
	문헌 연구	지역학 일반 및 인천 관련 역사 자료 독서	■	■	■	■	■	■	■	■	■	■
	자료 수집	획득 가능한 자료 틈틈이 수집	■	■	■	■	■	■	■	■	■	■
직무 교육	바리스타 자격증 획득	직업훈련센터(무료) 자격증 과정								■		
	카페 운영 실무	처남 및 지인 카페에서 월 1회 견습							■			
		비슷한 형태의 카페에서 주 1회 견습									■	
	웹사이트 운영	웹사이트(블로그 등) 운영 학습	■									
		소규모로 실제 운영하며 역량 쌓기		■	■	■	■	■	■	■	■	■
	글쓰기 훈련	문화센터 글쓰기 과정 수강		■								
		웹사이트 게재, 잡지 투고 등으로 경험 쌓기		■	■	■	■	■	■	■	■	■
기본	건강 관리	정기 검진. 생활습관 개선.	■	■	■	■	■	■	■	■	■	■
	가족 관계	가족과 대화 늘리기. 나의 꿈에 대한 공유	■	■	■	■	■	■	■	■	■	■

종합적 관점

　지금까지 살펴본 바와 같이 은퇴설계의 본질을 회복하기 위해서는 여러 영역이 단일한 가치를 중심으로 조화를 이루도록 계획해야 한다. "연금 몇억 원을 준비한다"든가 "은퇴 후 고향에 내려가서 살겠다"와 같이 한 부분에 치우친 막연한 계획은 제대로 된 은퇴설계라고 보기 힘들다. 나는 한국은퇴설계연구소를 설립하면서 우리 회사의 상담, 컨설팅, 교육 등 모든 활동이 종합적 관점을 유지하도록 애쓰고 있다.

3장

본질적 관점의 은퇴 재무설계

종합적 안목의
재무설계

가치와 목표 중심의 은퇴 재무설계

지금까지 은퇴 재무설계가 금융회사가 제시하는 방식, 즉 "평균적으로 얼마가 필요하니 얼마를 저축하라"는 형태로 이루어지면 위험하고 비효율적으로 흐를 가능성이 높다는 이야기를 여러 차례 반복했다. 은퇴 재무설계는 이런 근시안적 형태에서 벗어나 한 사람의 가치체계, 은퇴 후 삶의 목표, 다양한 분야의 은퇴설계와 조화를 이루어야 한다. 그리고 은퇴 재무설계가 은퇴 후 여러 계획을 뒷받침하는 형태로 구성될 필요가 있다.

앞에 언급되었던 은퇴 후 인천을 연구하고 알리는 인생 목표를 가진 분을 생각해보자. 그분은 정년퇴직 직후인 60세부터 전시형 카페를 운영하면서 연구와 집필·출판 활동을 하는 구체적인 계획을 세워 두었다. 이때 그의 은퇴 재무설계의 핵심은 카페 설립 자금을 마련하는 데 있다. 일시에 목돈이 필요하므로 연금저축보다는 목돈 마련형 저축이 더 효과적이다.

그리고 현재 재산을 활용하기에는 어려움이 있었다. 자녀 결혼자금 등 이미 지출 소요가 예상되었다. 그래서 은퇴 후 현재 거주하는 아파트를 처분하여 인천의 작은 아파트로 옮기고 그 차액으로 자녀 결혼자금 등을 충당하기로 계획했다.

이런 점을 고려하여 3~5년 만기의 정기적금과 적립식 펀드를 갱신하고 투자상품을 운용하는 형태의 목돈 마련형 저축을 계획했다. 이분은 카페 개업 직후 몇 개월은 수입이 발생하지 않는다고 보고 이 금액을 창업 준비자금에 포함시켰다.

그리고 최소 10년 정도의 활동 기간에는 카페 이익과 원고료, 강의료로 생활비를 마련하고 개인연금은 사실상 활동이 힘든 75세 이후의 노후기에 수령하는 방식으로 준비했다. 치료비와 치료기간 중 생활비 부담이 큰 중증 질병에 걸리거나 노후 간병이 필요할 때를 대비해서 보험도 들었다.

그래서 표와 같은 은퇴설계가 가능했다.

언뜻 보아도 기존의 은퇴 재무설계와는 그 양상이 많이 다르다는 것을 느낄 것이다. 그러나 이런 접근법이 더 바람직하다. 은퇴 재무설

분야	내용	방안	일정(나이별)									
			52	53	54	55	56	57	58	59	60	계속
은퇴 재무 설계	거주지 마련	현재 서울 집은 매각 또는 임대하여 이주 거주자금 마련. 차액과 현 저축액은 두 아들 결혼자금									■	
	창업자금 7,000만 원 (현재 가치)	정기적금과 적립식 펀드(월 75만 원)	■	■	■	■	■	■	■	■	■	
	노후생활비	카페 수익금과 국민연금									■	■
		75세 이후 대비 장기연금(월 30만 원)	■	■	■	■	■	■	■	■	■	■
	리스크 대비	조기 사망 대비: 기존 정기보험 (월 7만 원)	■	■	■	■	■	■	■	■	■	■
		실손 의료비보험: 기존 실손보험 (부부, 월 7만 원)	■	■	■	■	■	■	■	■	■	■
		중대 질병 대비: 암+중대질병 대비 보험 추가(부부, 월 10만 원)	■	■	■	■	■	■	■	■	■	■
		간병기 대비: 간병 대비 보험 추가 (부부, 월 10만 원)	■	■	■	■	■	■	■	■	■	■

계는 그 자체로 목적이 될 수 없다. 은퇴 후의 목표와 계획, 생활을 뒷받침하는 효과적인 도구가 되어야 한다. 그런데 본말이 전도되는 경우가 자주 보인다. 일정액의 은퇴자금이 마련되어야 하고 그 돈만 있으면 그다음부터 은퇴 후 생활계획을 세울 수 있으리라 여기는 경향이 존재한다. 내가 수많은 은퇴자를 관찰한 결과에 의하면 이것은 불합리하다. 은퇴 후 삶의 설계와 자금준비 두 면에서 모두 실패할 가능성이 높은 접근법이다. 은퇴 후 삶의 계획을 중심에 놓고 그를 뒷받침하는 실무적 계획으로 자금준비계획을 세우는 것이 합리적인 방법이다.

연금 수령 시점을 최대한 뒤로 미룬다

지금까지의 내용과 앞의 사례를 중심으로 보면 은퇴설계는 곧 연금설계라는 상식이 깨진다. 은퇴 이후 활동기(수입이 발생하는 시기)를 중요한 전제로 삼았기 때문이다. 연금 대신 이때를 위한 자금의 저축이 계획 중 중요한 부분이 된다.

그런데 은퇴 후 창업을 계획하지 않은 은퇴설계가 많다. 어떤 때에는 재취업이나 창업, 귀농·귀촌 등의 경제활동을 아예 은퇴설계에 포함시키지 않을 수도 있다. 예를 들어 사회봉사나 예술·집필, 취미와 여가를 계획할 수도 있다. 그렇다 하더라도 내가 주장하는 은퇴 재무설계의 틀은 크게 바뀌지 않는다.

'창업자금'을 마련하는 대신 재취업이 되지 않았을 때를 위한 '비상예비자금', '제2 활동기의 소비생활자금'을 준비하기 때문이다. 이를 위한 자금준비는 목돈이 더 적합하므로 장기연금보다는 목돈 마련형 저축이나 투자상품이 효과적이다.

그런데 '은퇴설계는 곧 연금'이라는 틀에서 벗어나지 못해 55세나 60세 등 은퇴 직후부터 연금을 받는 계획을 세우는 경우가 많다. 그래서 은퇴까지 기간이 얼마 남지 않은 상황에서 은퇴설계를 시작할 때는 매월 납부해야 할 연금액이 지나치게 높아지는 경향이 있다.

나는 여기에 대해 다르게 생각한다. 55세부터 75세 정도의 연령(평균적인 기준)을 제2의 활동기로 정해놓고 은퇴 재무설계를 시작하는 것이 좋다고 본다. 이 기간에는 연금 수령을 계획하지 않는다. 그 대신 이 시기를 위한 창업자금, 재취업자금, 창업 및 재취업이 미진할 경우 예비비, 봉사·예술·집필·여가 생활비 등을 별도로 저축한다. 그리고 제2 활동기에도 노후연금을 계속 납입한다. 50세부터 연금 납입을 시작하더라도 적어도 70세까지 20년을 넣을 수 있다. 연금을 탈 시점을 75세나 80세부터 등 활동이 어려운 시기로 최대한 미룬다. 연금을 간병보험 등과 함께 활동하기 힘든 시기의 최후 보루로 삼는 방식이다. 그러면 매월 내는 금액은 적고 연금을 타는 금액은 높아지며 시기도 그만큼 길어진다. 이것이 평균수명이 늘어나고 신체적·정서적으로 젊어진 현대인에게 더 적합한 은퇴 재무설계의 기본 사고방식이라 생각한다.

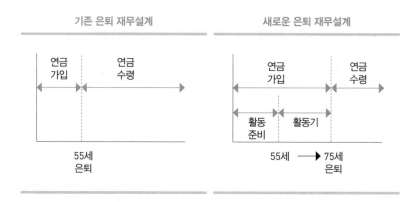

평균적인 은퇴시점이라는 55세부터 개인연금을 수령하도록 준비해야 한다는 일종의 강박관념은 나쁜 결과를 초래하기 십상이다. 그러려면 적어도 30대에 개인연금 납입이 시작되어야 하며 그 부담도 만만치 않다. 그렇지 않고 대다수가 그렇듯 40대 이후에 연금을 내기 시작한다면 전체 수입 중 개인연금 납입액의 비중이 굉장히 높아진다. 한마디로 55세부터 행복해지려고 젊은 시기를 연금에 저당 잡힌 삶을 살아야 한다는 이야기이다. 그런데 이렇게 준비해도 연금 수령 기간은 그리 길지 않다. 55세부터 20년 내외가 될 가능성이 높다. 그러면 창업 등 제2의 도약이 필요한 시기에는 목돈이 부족하고, 활동력이 떨어져 진짜 연금이 필요한 시기에는 개인연금의 혜택을 받지 못하는 부조리를 겪을 수도 있다.

　55세부터 75세까지를 대비한 확실한 대책을 마련해야 한다는 것은 부인할 수 없는 사실이다. 그러나 꼭 연금만이 정답이라고 할 수는 없다. 이 시기는 경제활동을 할 수 있는 때이다. 더군다나 자기가 꿈꾸던 일, 진정으로 원하는 일을 다시 시작할 수 있는 황금의 시기일 수도 있다. 그러려면 이 시기에 집중적으로 무언가를 시작할 수 있는 '목돈'을 모아야 한다.

　요컨대 은퇴 재무설계는 은퇴 후 가치와 목표를 실현하는 데 실질적인 뒷받침을 줄 수 있도록 이루어져야 한다. 이를 위해서는 은퇴 후 시기를 제2 활동기와 노후기 둘로 나누고 각각을 위한 별도의 플랜을 수립하는 것이 효과적이다. 물론 뜻한 대로 되지 않을 때를 대비한 리스크 관리에도 철저해야 한다. 연금은 진짜 노후(老後)에 효과적으로 쓰이도록 그 수령 시점을 최대한 뒤로 미룬다. 나중에 더 빨리 필요하다면 수령 시점을 당기면 된다.

이렇듯 '돈 중심'이 아니라 '은퇴 후 삶'을 중심으로 은퇴 재무설계의 방향을 이동함으로써 균형 잡힌 은퇴설계의 토대를 쌓을 수 있다.

현재에 입각한 은퇴 재무설계

사례에 등장한 분은 앞으로 직장생활을 하는 10년간 저축, 개인연금, 보험을 위해 월 150만 원 이내의 금액을 준비하는 것으로 계획을 세웠다. 은퇴 이후부터는 창업자금 저축과 정기보험을 뺀 60만 원 내외의 금액을 납입할 것이다. 이 금액은 은퇴 이후 꿈을 이루고 노후의 위험을 대비하는 차원에서 설계된 것이다.

그리고 현재 현금흐름을 살펴보았을 때 무리 없이 저축할 수 있는 수준의 금액을 정했다. 먼저 현재 지출을 분석하여 소모적 성격이 강한 것들은 줄였다. 그 대신 은퇴 후 준비를 위한 교육훈련비, 자료 수집비, 인적 네트워크를 형성하는 돈 등은 지출이 더 늘어날 것으로 보고 계획을 잡았다. 무조건 허리띠를 졸라매어 저축액을 늘리는 것이 능사는 아니다. 줄여야 하고 줄일 수 있는 지출은 과감히 아껴야 하지만 꼭 필요한 지출은 투자로 받아들이고 인색하지 않게 설계하는 것이 좋다.

아무리 은퇴자금이 중요해도 자신이 장기간 지속적으로 감당할 수 있는 한도를 넘어선 금액을 저축할 계획을 세우면 안 된다. 앞에서 여러 차례 말했듯 곧 포기할 가능성이 높다. 현재 월수입 중 기본 지출을 뺀 금액이 저축 가능 최대 금액이다. 이 금액 중 70~80%를 월 저축 금액으로 책정하면 큰 무리가 없을 것이다.

금액이 적더라도 목표를 달성해가며 오래 유지하는 것이 많은 금액을 넣다가 중도에 포기하는 것보다는 훨씬 좋은 결과를 낳는다. 현재가 쌓여 미래를 이룬다. 현실의 현금흐름을 고려한 은퇴설계가 중요한 근본 이유가 바로 여기에 있다.

라이프사이클을 활용한
은퇴자금설계

라이프사이클과 은퇴 재무설계

라이프사이클의 원형은 미국의 경제학자 프랑코 모딜리아니(Franco Modigliani)가 고안한 생애주기가설(life-cycle income hypothesis)이다. 모딜리아니는 그 공로로 1985년 노벨 경제학상을 받았다. 생애주기가설에 따르면 한 개인의 소득은 유년과 노년기에는 낮고, 중년 때 가장 높아진다. 반면에 소비는 전 생애에 걸쳐 일정하거나 서서히 증가한다. 따라서 저축률은 중년일 때가 가장 높고, 노년일 때 낮거나 오히려 저축을 까먹게 된다.

당연해 보이는 이야기지만 모딜리아니의 가설 이전에는 '소득의 크기가 소비와 저축의 크기를 결정한다'는 케인스의 절대소득가설이 통용되었다. 모딜리아니의 생애주기가설 덕분에 사람들은 '인생의 남은 기간을 염두에 두고 현재의 소비를 결정한다'는 개념을 이해하게 되었다. 세대 구성원에 따라 저축률이 다른 이유를 설명할 수 있게 되었고 연금이 장래에 어떤 효과를 낼지 예측할 수도 있게 되었다.

흔히 생활비, 주택마련 자금, 결혼자금, 자녀교육비, 노후자금을 필수 5대 자금이라고 한다. 라이프사이클을 활용하면 이런 확정적인 필요자금(생활, 자녀교육, 주택마련, 노후)과 불확정적인 필요자금(사망, 사고, 질병, 장수, 간병 등)을 검토할 수 있다. 인생의 재무적인 이벤트들을 목표화하고 여기에 대한 선명한 비전을 제시하는 것이 가능해진다. 라이프사이클은 은퇴설계, 기간별 투자설계, 자산이전설계, 보험설계, 세금설계, 부동산설계 등을 가능하게 해주는 최적의 시스템이다.

특히 은퇴설계에서는 은퇴 이후의 활동기와 노후 간병기의 수입, 그리고 지출 흐름을 예측하고 어떤 시기에 어느 정도의 금액이 필요한지를 미리 파악할 수 있어서 효과적이다. 그러나 재무설계사가 획일적으로 제시하는 라이프사이클 도표는 내 목표의 특수성을 반영하지 못했을 가능성이 크므로 주의해야 한다. 가능하다면 직접 내 라이프사이클을 그려보고 정확한 현황을 파악하는 것이 이상적이다.

다음 페이지에 라이프사이클 사례가 소개된다. 이 그림에서 보듯이 기존 은퇴설계에서는 퇴직 직후부터 수입이 완전히 끊기는 것으로 나타난다. 그렇지만 지출은 계속되어 수입과 지출의 공백이 발생한다.

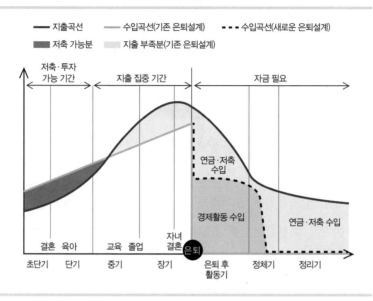

그래서 이 부분을 연금 등의 저축으로 준비하라고 권한다.

그러나 내가 제시하는 새로운 은퇴설계의 라이프사이클은 퇴직 후 수입곡선이 직전의 절반 정도 수준에서 유지되고 노년기에 사라지는 것으로 가정한다. 물론 설계대로 되지 않을 때에 대비해야 한다. 그리고 1차 퇴직 전후 창업을 계획하는 사람은 이 시기에 지출이 집중될 가능성을 고려해서 라이프사이클을 그린다.

퇴직 후 경제활동을 통해 수입을 얻더라도 여전히 부족분이 발생하는데 이는 국민연금, 퇴직연금, 개인연금 등으로 충당할 수 있도록 계획을 세운다.은퇴 이전에 은퇴 후 직업활동을 통한 수입원, 충분한 보장자산, 비상 예비자산 등을 효율적으로 준비해야 한다. 노년기에는 생산 가능한 최적의 상태가 아니므로 경제활동을 통한 소득을 기대하기 어렵다. 따라서 여러 측면에서 수입원을 준비해두는 것이 좋다.

앞에서 은퇴 후 활동기 중에도 노후 대비 연금을 납입하고 연금 수령 시점을 최대한 늦추라고 주문한 것 역시 사실상 근로소득을 기대하기 힘든 시점에 효과적으로 대비하기 위한 것이었다.

이처럼 인생 계획과 변수를 한눈에 파악할 수 있는 개인화된 라이프사이클을 이용함으로써 은퇴 재무설계의 효율성을 높일 수 있다. 적극 활용해볼 것을 권한다.

마법의
T자

나는 재무설계 상담을 하면서 매우 단순하지만 강력한 힘을 발휘하는 도구 한 가지를 즐겨 쓴다. 그것은 바로 T자형의 양식이다. 이것은 자신의 자산, 부채, 수입, 지출 등의 재무 상황을 한눈에 파악할 수 있도록 도와준다. 그 결과 현재 무엇이 문제이고 무엇을 개선해야 할지를 직관적으로 알아차릴 수 있도록 제시해주는 효과가 있다.

앞에서 소개한 라이프사이클은 재무상담을 받다 보면 흔히 접할 수 있다. 그런데 이 마법의 도구를 개인 재무설계에 활용하는 전문가는 거의 없는 것 같다. 적어도 내가 알기에는 그렇다. 하지만 이것은 내가 만든 독창적인 도구는 아니다. 13세기 말 피렌체에서 시작된 후에 700년 넘게 사용되며 엄청난 영향력을 발휘했다.

기업 회계를 조금이라도 아는 분이라면 이 도구가 무엇일지 눈치챘

을 것이다. 그렇다. 복식부기의 대차대조표와 손익계산서이다. 전 세계 기업과 기관들은 대부분 이 도구를 사용한다. 하지만 개인 재무설계 영역에서 이 효과적인 도구를 잘 활용하는 이는 많지 않다. 잘만 쓴다면 마법과 같은 능력을 발휘할 수 있는데도 말이다.

회사나 다른 조직의 살림살이는 잘하는데 개인 재정관리는 엉망인 사람들이 종종 있다. 공식적인 체계와 절차를 따라서 합리적으로 수입을 관리하고 예산을 통해 지출을 통제하는 데는 능숙하지만 개인에게 자유가 보장된 영역에서는 그렇게 엄밀하지 않기 때문이다. 그런 점에서 '돈'에 관해 공적인 조직이 요구하는 엄밀함을 개인 재정의 영역으로 옮겨올 수 있다면 상상 이상의 효과를 거둘 수 있다. T자 도구는 이 과정에서 마법을 발휘한다.

나는 기업의 대차대조표 프로세스를 응용해 개인의 '자산부채현황표'를 작성하고 손익계산서를 응용해 개인 '현금흐름표'를 작성하여 활용할 것을 권한다. 나와 상담한 수많은 사람이 큰 효과를 본 검증된 방식이므로 관심을 두고 살펴보았으면 좋겠다.

자산부채현황표

자산부채현황표는 쉽게 말해 돈의 성적표라고 할 수 있다. 개인은 자신의 돈에 관한 성적표, 즉 자신의 자산과 부채에 대한 그림을 명확하게 그릴 수 있어야 한다. 자산이란 지금 내가 무엇을, 얼마나, 어떻게 소유하고 있는가를 나타내고, 부채란 무엇을, 얼마나, 어떻게 빚지고 있는가를 나타낸다. 자산에서 부채를 차감한 것이 순자산이다. 순자산 가치의 증감이 재무적 성공을 좌우한다.

자산의 구성은 다음과 같다.

첫째, 유동성 자산이다. 필요한 시기에 즉시 현금화하여 사용할 수 있는 자산으로 리스크가 낮아야 한다. 수시입출금예금을 비롯한 CMA, MMF, MMDA 등이 유동성 자산에 속한다.

둘째, 금융투자 자산이다. 사람에 따라 구분하는 법이 다르지만, 주로 1년 이상을 투자하여 수익을 내는 것을 목적으로 하는 자산을 말한다(3년 이내의 단기투자 자산, 10년 이내의 중기투자 자산, 10년 이상의 장기투자 자산으로 구분할 수도 있다). 투자 목적이 분명해야 하며 개인의 투자

자산	부채
	순자산 = 자기자본

왼쪽(자산)의 합과 오른쪽(부채와 순자산)의 합은 반드시 같아야 한다.

성향을 바탕으로 가입해야 한다.

셋째, 부동산자산이다. 거주 목적과 투자 목적으로 나누었을 때 투자 목적을 가진 부동산자산을 말한다. 거주 목적을 위한 자산은 사용자산으로 구분하는 것도 좋다.

넷째, 연금 및 은퇴자산이다. 이는 다시 기간별로 구분할 수 있다. 초기 은퇴자산은 은퇴 후 국민연금 수급 전까지 활용할 수 있는 자산이다. 활동기 은퇴자산은 목돈이나 연금 등 활동기 동안 활용할 수 있는 자산이다. 종신형 은퇴자산은 활동기 이후 숨이 끊길 때까지 종신토록 받을 수 있는 자산이다. 국민연금이 대표적이다. 롱텀케어(LTC) 은퇴자산은 활동기 이후 간병기에 받을 수 있는 연금이다.

다섯째, 보장자산이다. 가족보장자산, 생활보장자산, 의료보장자산, 비상 예비자산 등을 들 수 있다. 특히, 비상 예비자산은 예기치 못한 긴급한 상황에 대비해 쉽게 인출해 쓸 수 있는 통장에 예비해두어야 한다. 예기치 못한 상황에 대비해 '소득원'을 만들기 위한 비상자금이므로 6개월 정도의 월 급여를 수시 입출금이 가능한 통장 또는 CMA에 넣어두고 절대 손대지 않아야 한다.

여섯째, 기타 자산이다. 위의 기준으로 분류가 어려운 나머지 자산을 포함한다. 굳이 기타 자산을 만드는 이유는 개인의 모든 자산이 자산부채현황표에 포함되어야 하기 때문이다.

자산을 분류하는 이유는 분류된 자산을 평가하기 위해서다. 자산을 평가할 때는 경제학적으로 매몰비용과 기회비용을 감안해야 한다.

부채는 부동산 관련 장기부채와 소비성 유동부채로 나눌 수 있다. 소비성 유동부채는 다시 단기부채(현금서비스 등)와 장기부채로 구분된다.

살다 보면 비싼 등록금과 사교육비, 결혼자금, 부동산 구입, 자동차 구입 등으로 부채가 발생할 수밖에 없다. 때로는 재무 레버리지 효과

자산	부채
① 유동성 자산 ② 금융투자 자산 ③ 부동산자산 ④ 연금·은퇴자산 ⑤ 보장자산 ⑥ 기타 자산	
	---------------- 순자산 = 자기자본

를 노리고 일부러 부동산 담보대출을 받기도 한다. 대출받아 상환하는 비용보다 구입한 부동산의 가치가 더 큰 폭으로 상승한다면 확실한 레버리지 효과(투자재원으로 부채를 활용하여 자산운용에 따른 수익을 높이는 것)를 낼 수 있지만 그렇지 않은 상황을 반드시 고려해야 한다.

하지만 일반적으로 부채는 없는 것이 가장 바람직하다. 돈을 빌리기 위해서는 먼저 원금과 그에 따르는 이자액과 기간 등을 잘 검토해

자산	부채
① 유동성 자산	부동산 관련 장기부채
② 금융투자 자산	소비성 유동부채 ┌ 단기부채
③ 부동산자산	└ 장기부채
④ 연금·은퇴자산	
⑤ 보장자산	
⑥ 기타 자산	
	- - - - - - - - - - - - - - -
	순자산 = 자기자본

야 한다. 순자산과 비교해볼 때 과다한 부채를 보유했다면, 실직 등으로 인해 현금 유입이 단절되었을 경우 신용상의 문제가 발생하게 되고 재무목표도 달성하기가 어렵다.

다음은 효율적인 부채 관리를 위해 확인해야 할 사항들이다.

• 대출의 목적이 주택구입·전세자금이라면 소득공제를 살펴보았는가?

자산이 플러스인 사람의 자산부채현황표(단위: 만 원)

자산		부채와 순자산	
현금	5,000	부동산 담보대출	12,000
부동산	15,000		
		순자산	8,000
자산 합계	20,000	부채와 순자산 합계	20,000

이 경우 부채의 합계보다 자산 합계가 많기 때문에 '자산 초과' 또는 '순자산 플러스'라고 말할 수 있다.

부채(채무) 초과인 사람의 자산부채현황표(단위: 만 원)

자산		부채와 순자산	
예금	1,000	부동산 담보대출	6,000
주택	10,000	현금서비스	2,000
		콜	3,000
		학자금대출	1,000
		순자산	−1,000
자산 합계	11,000	부채와 순자산 합계	11,000

- 대출의 목적이 투자수익을 위한 것이라면 대출이자 대비 실제 수익률을 검토했는가?
- 대출기간과 상환방식은 현금의 유입(소득원)과 적절하게 부합하는가?

- 부채의 규모가 소득원과 대비하여 적절한가?
- 예·적금의 이자와 대출상환에 따른 이자비용을 감안한 대출인가?
- 주거래은행을 적절하게 활용하고 있는가(주거래은행과 멀어지고 있다면 부채 적정성 평가에 적신호가 들어온다)?

자산과 부채를 정리하면 순자산(자기자본)을 파악할 수 있다. 일정한 기간을 정해놓고(예컨대 지금 시작하여 6개월에 한 번) 시간의 흐름에 따라 순자산의 증감을 비교해보자. 재무목표 달성을 위해 얼마나 노력하고 있는지 스스로 성적표를 만들어볼 수 있다.

개인 현금흐름표

개인 자산부채현황표를 분석하면 순자산의 변화를 파악할 수 있다. 순자산이 변한 상황을 점검하기 위해서 현금흐름표를 작성하는 것이다. 현금흐름표의 포인트는 한정된 소득원을 인지하고 그 안에서 효율적으로 유출원(지출 목록)을 제어하여 재무목표를 효율적으로 달성하는 데 있다.

개인 현금흐름표는 현금의 유입과 유출로 구분할 수 있다. 현금을 사용했거나 자산의 구성 요소에 투입되었을 경우는 현금의 유출로, 소득의 원천이 새롭게 생겨났을 때는 현금의 유입으로 나타낸다. 현금

현금흐름표의 구성

유입(소득원)	유출
이자	소모적 지출
배당	생산적 지출
부동산 임대	소모적 저축
사업소득	생산적 저축
근로소득	소모적 투자
(연금소득)	생산적 투자
기타 소득	

유입에 의한 현금흐름과 긍정적 유출이라 할 수 있는 생산적 저축 및 생산적 투자는 유익하다. 하지만 현금 유입은 갑작스럽게 커질 수 없다. 그러므로 생산적인 투자와 저축 그리고 철저한 지출 관리를 현금흐름표를 통해 인지하고 실행해야 한다.

위 표와 같이 현금흐름표의 왼쪽은 소득원을 표시하여 현금의 유입을 나타낸다. 소득원이 여러 곳이라면 한 곳일 때보다 안정적인 재무상태를 유지할 수 있다. 오른쪽은 현금의 유출을 나타낸다. 유출은 생산적인 것과 소모적인 것으로 구분해야 한다.

현금흐름표의 유입과 유출은 반드시 일치해야 한다. 개인의 재무상황이 개선될수록 현금흐름표의 유입과 유출은 일치하게 된다.

지출결의서를 통한 돈 다루기

공적인 조직에서는 구성원이 임의로 돈을 쓰지 않는다. 반드시 사전 또는 사후 승인을 받는다. 그래서 그 지출이 꼭 필요하고 합리적인 수준인지를 스스로 점검하고 조직 차원에서 재점검한다. 이를 개인 영역에 활용하면 지출을 합리화하는 데 효과를 볼 수 있다.

즉, 지출결의서를 통해 예산을 세워서 생활함으로써 돈을 다루는 훈련을 하는 것이다. 지출결의서는 수입을 기초로 하는 지출에 대한 세부 계획서를 말하는 것으로 현금의 유입과 유출의 균형을 맞춰 일치시키기 위해 작성한다. 지출결의서를 분석하면 개인의 지출 성향을 파악할 수 있다. 이는 개인의 투자 성향에 대한 분석만큼 중요하다.

재무목표를 달성하기 위해 재무설계안을 실행(금융상품 결정·가입)한다는 것은 곧 지출결의가 필요하다는 것을 의미한다. 성공적인 지출결의서를 작성했다면 재무설계 실행을 통해 재무목표를 달성할 수 있다.

구체적인 지출결의서를 작성하면 현금의 유입과 유출을 예상할 수 있고, 소모적인 지출·저축·투자를 통제할 수 있다. 규모가 큰 지출에 대한 계획과 효율적 실행도 가능하다. 이를 통해 부채를 줄일 수 있고 돈이 없어 당황하는 일을 막을 수 있다. 지출결의서의 작성은 재무목표의 실현을 위한 가장 효율적인 과정이라고 할 수 있다.

(1) 고정지출 10가지
세금(소득세, 주민세, 자동차세, 재산세 등)
공적연금(국민연금과 퇴직연금)
의료보험료
고용보험료
장기대출 이자비용 및 모지지 상환금
공교육비
부모 혹은 자녀에게 일정하게 송금되는 비용
외식을 제외한 식표품비
의류, 신발 구입비
의료비

(2) 변동지출 5가지
외식비
사교육비
교양 및 문화생활비
레저 및 오락비
교통·통신비

그러면 구체적으로 지출결의서를 작성하는 방법을 살펴보자.

첫째, 재무목표를 설정한다. 라이프사이클을 그려 초단기(1년 미만), 단기(3년 미만), 중기(10년 미만), 장기(통상 10년 이상)로 나누어 설정하는 것이 효과적이다.

둘째, 목표에 따른 필요자금을 설정한다.

셋째, 기대되는 모든 종류의 현금 유입 수단을 나열한다. 장기로 갈수록 자칫 현실과 혼동하여 추상적인 수치를 쓰기 쉬우므로 주의해야 한다.

넷째, 현재의 모든 지출을 나열한다. 현금흐름표를 이용하는 것이 가장 효과적이며, 이미 작성하고 있는 가계부나 지출 기록 등이 있다면 모두 이용한다.

다섯째, 유출을 분석한다. 생산적 저축과 소모적 저축으로 나누어 저축량을 파악하고, 투자도 생산적 투자와 소모적 투자로 나누어 확인한다. 자산 형성을 위한 유출인 생산적 투자와 생산적 저축은 긍정적 유출로 분류한다.

여섯째, 소득 대비 지출을 비교·검토하여 재무목표의 달성 가능성을 판단해본다. 소득 대비 지출의 규모가 크다면 고정지출의 항목이 정확한지, 고정지출이 과도하지 않은지 확인한다. 집중된 지출 항목이 있다면 이를 조정하여 변동지출을 줄일 방안을 검토한다. 조정이 어렵다면 통계청 「가계 동향」 조사 자료를 통해 기준을 마련하고 평균점을 맞춰간다. 또한 다른 소득원(현금의 유입)을 만들기 위한 투자를 고려해야 한다. 부채가 있다면 금리가 낮은 대출로 전환하거나 대출을 통합하는 방안을 검토한다.

일곱째, 지출결의서를 작성한다. 지출결의서의 항목은 생산적 저축, 생산적 투자, 고정지출, 변동지출, 생산적 지출이다.

여덟째, 지출결의서를 작성한 대로 실행하고 기록한다.

아홉째, 주기적으로 관리한다. 소득과 지출의 격차, 소모적인 저축·투자·지출은 없었는지 확인한다.

지출결의서는 실질적으로 활용하다 보면 재무설계에 매우 유용한 도구라는 걸 알게 될 것이다. 지출결의서 작성을 재무목표 실현을 위한 중요한 단계로 인식하고 습관화하는 것이 필요하다. 지출결의서 작성은 자녀의 금융교육을 비롯하여 가족 공동체가 함께 재무목표 달성을 위해 시스템화하는 것이 중요하다.

부채 상환의 7가지 기술

부채 상환을 잘하는 것도 은퇴 재무설계를 잘하는 기술이다. 먼저 알아두어야 할 것은 부채는 소득의 최대 35%를 넘지 않아야 한다는 점이다. 월 500만 원 급여 생활자의 경우 부채가 월 175만 원을 넘지 말아야 한다는 것이다. 이를 염두에 두고, 현명한 부채 상환을 위해 다음 일곱 가지를 체크해보자.

첫째, 빚 청산의 우선순위를 정해야 한다. 소득에 비해 대출 규모가 적정한지 따져본 후 빚을 갚을 우선순위를 정한다. 기본적으로 이자율이 높은 빚부터 청산해나가도록 한다. 신용카드로 빌리는 카드론이 대표적이다. 카드론은 이자율이 연 20%를 넘어서기 때문에 가장 먼저 청산해야 한다. 그다음은 카드대금 상환을 연기하면서 빌려 쓰게 되는 리볼빙과 현금서비스다. 리볼빙과 현금서비스는 쉽게 빌려 쓸 수 있는 만큼 이자율이 높고 신용등급을 조정하는 무시무시한 부채라는 사실을 인식해야 한다.

이후 금융권 순서대로 부채를 상환하는 것이 좋다. 상호저축은행이나 마을금고에서 빌린 돈이 있다면 일반 은행의 신용대출보다 우선순위를 높게 두고 상환하는 것이 좋다. 이후 은행권에서 빌린 신용대출과 부동산 담보대출이 순서가 된다.

하지만 빚 청산의 최우선순위는 연체된 금액이다. 연체는 금융생활에 지장을 주고 그에 따른 이자도 계속해서 커지기 때문에 연체금 청산을 최우선순위로 두고 하루라도 빨리 청산해야 한다.

요약하면, 소액대출부터 금액이 큰 순서로 갚고 이자율이 높은 순서에서 낮은 순서로 우선순위를 정한다. 원금과 이자는 함께 갚아나가는 것이 유리하다. 또한 전문가를 통해 부채 통합의 기술을 사용하는 것도 하나의 방법이 될 수 있다.

둘째, 유동성을 확보해두어야 한다. 3개월 이상의 비상자금을 확보하는 것이 좋다. 빚 갚는 데 수입의 상당 부분이 유출되다 보면 실직이나 비상 시 유동성 확보에 큰 어려움을 맞게 된다. 원활한 현금흐름을 감안해야 하는 것이다.

셋째, 무조건 갚기보다 투자 기회비용도 고려해야 한다. 덮어놓고 갚다 보면 좋은 투자기회를 놓칠 수도 있다. 부채 상환도 현금 유출의 적절한 포트폴리오 안에서 우선순위를 가지고 갚아 나가는 것이 중요하다.

넷째, 실질소득이 줄어 부채 상환에 대한 부담이 커질 때는 가지고 있는 금융상품 가운데 금리가 낮고 가장 최근에 가입한 금융상품 위주로 해약하는 것이 바람직하다. 중도해약 시 불이익이 있는 금융상품은 가능한 유지하는 것이 낫지만, 납입을 중단해도 중단에 대한 손해가 없는 상품(자유적립식펀드, 의무 납입 기간이 지난 변액보험상품)은 납입을 중단해도 무방하다.

다섯째, 대출받은 후에 해당 은행의 거래실적이 많고 부채가 더 이상 생기지 않았다면 대출이자 조회를 다시 해보는 것도 좋은 방법이다. 은행에 방문할 때마다 금리를 체크해보고 대출금리를 낮출 방법에 대해 상담하면 도움이 된다.

여섯째, 대출상품을 갈아탈 때는 중도 상환수수료에 관해 반드시 문의하고 상담받아야 한다.

일곱째, 최대 부채기준을 초과하여 대출받고 있다면 비상자금과 단기 목적자금 이외의 투자설계나 은퇴자금설계는 재정적인 여유가 생겼을 때 이후로 미룬다.

미래의 T자를 그려보자

앞에서 현재 시점의 자산부채현황표와 현금흐름표에 대해 살펴보고 이것을 개선하는 방법에 대해서도 알아보았다. 은퇴 재무설계에서 마법의 T자를 효과적으로 활용할 수 있다. 먼저 미래 시점의 예상 T자를 그려본다. 현재 자산 구조가 자연스럽게 이어진다면 은퇴시점에서 나의 자산부채현황표는 어떻게 될 것인가? 현재와 같이 준비하고 소비 습관을 유지한다면 은퇴 후 나의 수입과 지출 구조는 어떨 것인가? 그것이 이상적인가?

다음으로 특정 시점을 기준으로 목표로 삼는 자산부채현황표와 현금흐름표를 그릴 수 있다. 은퇴 직후 어떤 재무 상황을 기대하는가? 이것을 자산부채현황표와 현금흐름표로 표현해보자. 같은 방식으로 65~70세 무렵 제2 활동기의 자산부채현황표, 현금흐름표를 그려보자. 80세 무렵 노후기의 자산부채현황표, 현금흐름표도 함께 작성한다.

여러 시점에서 희망하는 수준의 자산부채현황표와 현금흐름표를 그린 후에 이 표를 이루기 위해서는 지금 무엇을 해야 할지를 꼼꼼히 따져본다. 예를 들어 66세 제2 활동기 현금흐름표에 현재 가치로 사업소득 150만 원, 국민연금 130만 원, 퇴직연금 70만 원을 계획해두었다면 국민연금 유지, 퇴직연금 관리 등 기본적인 준비에 신경을 쓰고 퇴직 후 사업 준비에 만전을 가해야 한다. 또한 82세에 국민연금 130만 원, 개인연금 70만 원을 책정했다면 노후기 개인연금을 장기로 가입하고 유지해야 한다.

현재와 미래의 T자 작성과 분석을 면밀하게 함으로써 은퇴 재무설계의 큰 틀을 잡을 수 있다. 그리고 앞으로 재무 계획의 방향을 잡고 동기를 부여하며 구체적인 저축 플랜을 수립할 수 있다. 무엇보다도 미래 재산 증식과 수입 확보를 위해 지금부터 무엇을 준비할지 상세한 목록을 점검하고, 지출 습관을 개선할 부분이 무엇인지 확인하고 결심하여 실행하는 단계로 나아가야 한다.

은퇴자금 최적 포트폴리오를 구성하라 – 연금, 저축(투자), 보험

균형 잡힌 연금계획

개인연금은 조금씩 장기간 납입하는 것이 효과적이다. 연금을 기시하는 시점도 최대한 늦추는 것이 좋다. 이상적으로 상황을 말하자면 30세부터 59세까지 30년 납입하고 15년 거치한 후에 75세부터 종신토록 수령하는 것이다. 그러면 경제활동이 어려운 시기, 즉 연금 효력이 높은 때부터 사망 시까지 충분한 규모의 연금을 수령할 수 있다. 매월 연금으로 내는 금액도 그리 많지 않다. 요컨대 소액·장기간 납입, 늦은 수령을 이상적인 방향으로 잡고 자신이 처한 상황에 따라 개인연금을 설계하는 것이 좋다.

개인연금을 노후연금의 중심에 놓는 것보다는 이를 연금 3층 구조의 한 부분으로 사고하는 태도가 합리적이다. 3층 구조는 은퇴 후 연금 구조에서 국민연금, 퇴직연금, 개인연금의 종합을 말한다. 그런데 국민연금은 1989년 시행되었고 퇴직연금도 도입 확산 단계에 있다. 따라서 아직 그 완전한 혜택을 보는 사람이 그리 많지 않다. 그 효과가 피부에 와 닿지 않을 수도 있다.

그래서인지 은퇴설계에서 국민연금과 퇴직연금의 효과가 폄하되는 경향이 존재한다. 이것은 매우 비합리적이다. 국민연금과 퇴직연금을 은퇴 연금의 가장 중요한 부분으로 보고 그 부족분을 개인연금으로 보충하는 방향으로 설계하는 것이 여러 면에서 바람직하다. 국민연금이 제공하는 개인 재무설계 사이트(http://csa.nps.or.kr)에 접속하면 내가 언제부터 어느 정도의 금액을 국민연금으로 수령할지 파악할 수 있다. 이때는 별도의 보안 프로그램 설치와 공인인증서가 필요하다.

국민연금 사이트는 비교적 합리적인 재무설계 정보를 제공한다. 그리고 종합적인 은퇴설계 시뮬레이션을 할 수 있게 도와준다. 45세 남성을 예로 들어보자. 28세부터 직장생활을 시작한 그는 현재 연봉 5,000만 원의 직장인이다. 3년 전 회사에서 퇴직금 중간정산을 하고 퇴직연금으로 전환했다. 퇴직연금은 61세부터 20년간 나온다. 그리고 지난달부터 20년 납부 후 70세부터 85세까지 수령하는 월 30만 원의 개인연금 납부를 시작했다. 그의 종합 플랜을 보자.

그는 61세부터 64세까지 퇴직연금을 매월 76만 원 수령한다. 65세

부터 70세까지 국민연금 130만 원과 퇴직연금 76만 원 합쳐 월 206만

원을 연금으로 받는다. 71세부터 81세까지는 국민연금 130만 원, 퇴직

연금 76만 원, 개인연금 55만 원 총 261만 원을 매월 받는다. 81세부터

85세까지는 국민연금과 개인연금을 합쳐 185만 원을 받게 된다. 85세

부터 사망 시까지는 국민연금 130만 원을 받는다.

　이 데이터를 바탕으로 은퇴 재무설계의 수정과 보완을 할 수 있다.

이 사람은 은퇴 후 부부가 현재 가치로 월 200만 원 내외의 생활비가

들 것이라 예상한다. 61세부터 65세까지 재취업을 통한 활발한 경제

활동으로 현재 가치 월 150만 원의 소득을 올릴 계획이다. 퇴직 연금

과 합치면 목표 금액이 넘는다. 그런데 재취업 실패 등의 리스크가 있
다. 그래서 5년간 생활비를 대비한 비상 예비자금 7,500만 원을 저축
하기로 했다. 65세부터 70세까지는 활동을 조금 줄여 월 50만 원 내외
의 근로소득을 예상한다. 예상 연금 수령액과 합치면 충분하다. 혹 근
로소득이 발생하지 않더라도 큰 문제는 없다. 71세 이후는 경제활동
을 하지 않고 다소 여유로운 노후를 즐긴다는 계획이다. 국민연금, 퇴
직연금, 개인연금이 모두 나오기 때문에 큰 문제는 없다. 81세 이후는

수입 및 소비에서 모두 소극적인 계획을 세웠다.

이 사례에서 개인연금에 크게 의존하지 않고도 국민연금과 퇴직연금 중심으로 합리적인 재무설계가 가능하다. 특히 국민연금은 국가가 주도하는 공적연금으로 복지 성격이 가미되어 있으므로 매우 효과적이다. 여러 불만이나 잡음은 이런 막대한 효과를 전제로 삼고 있는 것이므로 무조건 기피하거나 불신하는 태도는 도움이 되지 않는다. 특히, 직장인은 국민연금의 50%를 회사가 부담하기 때문에 훨씬 더 유리하다. 또한, 도입 초기에 있는 퇴직연금에 관심을 갖고 회사와의 논의에 임할 필요가 있다.

문제는 자영업자와 프리랜서 등 국민연금과 퇴직연금의 사각지대에 놓이기 쉬운 층이다. 이분들은 더 적극적으로 국민연금을 이용해야 한다. 당장 현금이 빠져나가는 것이 아까워 국민연금을 회피하는 분도 있는데 가능한 한 넣을 수 있는 최대 금액을 납입하는 것이 좋다. 나는 국민연금을 못 믿겠다며 탈퇴하고 개인연금을 더 많이 붓는 사람을 만난 적이 있는데 그만큼 불합리하고 어리석은 일도 없다. 자영업자들은 퇴직연금이 부족하므로 금융기관이 같은 효과를 낼 수 있도록 설계한 연금을 선택하거나 개인연금을 더 강화하는 쪽으로 계획하는 방법이 유용하다.

저축 및 투자 계획

은퇴 후 목표, 현재 상황, 현금흐름 등을 고려해서 바람직한 저축 계획을 세우고 시행하는 것이 좋다. 그런데 충분한 검토나 금융에 대한 지식 없이 무작정 저축한다면 오히려 소모적인 경향으로 흐를 수 있다. 소모적 성격을 가진 저축의 대표적 경우로 다음과 같은 것을 들 수 있다.

① 무작정 시작한 적금. 목적과 의지가 부족하면 중도해약의 가능성이 높고 목돈의 쓰임새가 표류할 수 있다.

② 원금보장만을 고려한 저축. 물가상승률을 고려할 때 손해를 볼 수도 있다.

③ 저축의 가면을 쓴 보험상품. 성격을 잘 몰라 중도해약으로 손해를 보거나, 사업비 공제로 기대 이하의 금액을 받는 경우, 중복 가입된 실손 보험으로 보험료를 날리는 경우 등이 있다.

④ 이자계산 방식을 모르고 가입하는 적금상품. 독특한 계산 방식 때문에 같은 이자율일 때 예금 이자가 1.8배 높다는 점을 고려해야 한다.

⑤ 생각 없이 가입한 CMA 상품. 예금자보호 대상이 아니므로 법적으로 원금을 보장해주지 않는다. 이 때문에 나중에 예기치 않은 손실을 볼 수 있다.

⑥ 연이율이 0.2% 이하인 급여통장과 같은 수시입출금통장은 저축이라 보기 힘들다.

저축은 분명한 목표와 그에 따른 기간을 철저히 설정해두고 잘 운용하여야 한다. 원금보장 여부, 이율, 비과세 등 금융상품의 성격에 대해 분명히 확인하고 저축의 목표에 맞는 상품을 합리적으로 선택하는 것이 좋다. 이때 독립적이고 양심적인 전문가의 도움을 받으면 매우 유익하다.

철저한 생애 리스크 대비

삶이 계획하고 목표를 세운 대로 무리 없이 진행된다면 얼마나 좋을까? 그러나 현실은 항상 그렇지 못하다. 예기치 않은 불행과 위기가 찾아와 우리를 고통에 빠뜨린다. 은퇴 후의 삶은 더욱 그렇다. 이것을 원천적으로 막는 것은 불가능하다. 하지만 피해와 충격을 최소화할 장치를 마련할 수 있다. 보험을 통해 보장자산을 늘리는 것이 그 방법이다. 나는 은퇴설계를 할 때는 최소한 네 가지 영역의 위험에 대비해야 한다고 본다.

① 가계를 책임진 사람이 조기에 사망하는 위험이다. 그러면 남은 가족

들이 생계의 부담을 안게 된다. 종신보험과 사망보험이 대표적이다. 종신보험은 언제든 사망할 때 보험금이 지급되고 정기보험은 약정한 기간 내에 사망했을 때만 보험금이 나온다. 예를 들어 60세 이전에 사망했을 경우에만 보험금이 나오는 방식이다. 종신보험은 그 특성상 상속의 용도로 많이 활용된다. 상속세 재원을 만드는 데도 효과적이다. 하지만 보험료가 비싸다. 그래서 나는 보험료는 싸지만 같은 보장효과를 갖는 정기보험을 자주 추천한다. 그 기간을 넘겨서 생존하면 보험료를 날린다는 불평이 있지만 보험의 본질적 성격에는 정기보험이 더 맞다. 그리고 운용에 따라 성격이 따르다. 정기보험 선택으로 줄인 차액을 저축한다면 보장과 함께 저축의 효과를 기대할 수 있다.

② 실손 의료보험. 나이가 들수록 병원 신세 질 일이 많다. 국민건강보험이 있지만 모든 치료비를 다 보장해주지는 않는다. 치료비의 개인 부담금이 높은 경우도 많다. 따라서 가족 치료비를 보장할 보험에 미리 가입해두는 것이 좋다.

③ 중대 질병 대비. 암은 노년기 발병률이 높은 질환이다. 각종 중증 성인병도 마찬가지다. 치료비뿐만 아니라 치료기간의 생활비 등도 큰 부담이다. 이에 대해 분명한 대비가 필요하다.

④ 간병 대비. 불행한 일이지만 노후에 치매나 거동 장애 등의 질환으로 누군가의 지속적인 보살핌을 받아야 할 경우도 생길 수 있다. 평균수명이 늘수록 이런 위험은 더 커진다. 보험상품을 통해 이런 간병 위험

에도 대비할 수 있다.

보험의 가입과 보험상품의 선택에 대해 두 가지 언급할 점이 있다.

첫째, 위험 대비의 본질적 목적에 맞춰 보험을 선택하라. 보험료는 본질적으로 '저축'이 아니라 위험에 대비하는 '비용'의 성격을 갖고 있다. 그런데 우리나라에서는 "내신 보험료 그대로 돌려주는" 방식이 지나치게 선호된다. 보험에 있어서는 원금에 집착하지 않는 게 좋다. 그래야 위험에 대비하면서도 보험료를 낮출 수 있다. 원금을 돌려주는 형태의 보험은 그만큼 보험료가 비싸다. 절약한 보험료만큼 저축하는 것이 더 성격에 맞고 효과적이다. 그래서 나는 만기 후 보험료를 돌려주지 않는 완전 보장성보험을 추천한다.

둘째, 비교를 통해 합리적인 상품을 선택하라. 우리나라에서는 보험설계사의 추천이나 소개로 보험에 가입하는 경우가 많다. 이들 보험설계사 중에는 특정한 보험사에 소속된 사람도 있고 여러 보험사의 상품을 다양하게 판매하는 GA도 있다. 특정 회사 소속이라면 자사 상품 위주로 판매하므로 비교·검토의 가능성이 적다. 따라서 반드시 그런 것은 아니지만 독립적인 재무설계사를 통하는 쪽이 더 유리하다. 보험료 비교 사이트 등을 이용하여 자기 주도적인 선택을 하는 것도 좋다. 요컨대 같은 보험료라면 더 보장이 뛰어난 상품, 같은 보험금을 준다면 보험료가 더 낮은 쪽을 선택하는 지혜가 필요하다.

스타일을
고려하라

사람은 저마다 성격과 성향이 다르다. 재무설계 역시 각자의 성향에 맞출 때 효과를 극대화할 수 있다. 아무리 좋은 방법도 자신에게 맞지 않으면 효과가 반감되기 때문이다. 나는 돈과 관련한 사람의 성향을 자기주도형, 저축형, 투자형으로 나누고 각 성향별로 생산적인 면은 극대화하고 소모적인 면은 최소화함으로써 자산 증대를 극대화할 것을 주문하고 있다.

나의 재무 스타일 분석

먼저 나의 성향을 알아보자. 내 성향을 알면 더 효과적인 은퇴자금설계를 할 수 있다. 나의 성향은 자기주도형일까, 저축형일까, 투자형일까. 아래 문항을 읽어보고 나에게 해당하는 항목을 모두 체크해 보자.

☐ 01. 적금 금리와 예금 금리의 차이점을 알고 있다.

☐ 02. CMA통장을 활용하는 법을 알고 있다.

☐ 03. 전년도 물가상승률을 알고 있다.

☐ 04. 주거래은행을 활용하고 있다.

☐ 05. 인터넷 쇼핑을 즐겨 이용하며 쇼핑하기 전 가격비교를 해본다.

☐ 06. 복리와 단리의 차이점을 알고 있다.

☐ 07. 주위에서 짠돌이라는 이야기를 들어본 적이 있다.

☐ 08. 내 지갑에 정확히 얼마가 들어 있는지 알고 있다.

☐ 09. 사고 싶은 물건을 6개월 이상 저축해서 구입한 경험이 있다.

☐ 10. 신용카드보다는 주로 체크카드를 쓴다.

☐ 11. 지금까지의 평균주가수익률을 알고 있다.

☐ 12. 주식 직접투자를 하고 있다.

☐ 13. 3년 이상 장기투자를 해본 경험이 있다.

☐ 14. 주식투자나 펀드투자를 위해 관련 서적을 5권 이상 읽어본 경험이 있다.

☐ 15. 경제신문을 구독하고 있으며 열심히 읽는 편이다.

☐ 16. 성장 가능성이 높은 유망 투자종목 5개를 추천할 수 있다.

□ 17. 주식투자의 기술적 분석을 할 수 있다.

□ 18. 사람들 앞에서 세계경제의 변화를 주제로 1시간 이상 이야기할 수 있다.

□ 19. 주식투자를 복권과 같은 도박이라고 생각하지 않는다.

□ 20. 인덱스펀드에 대해 알고 있다.

□ 21. 인생을 한 판의 게임이라고 생각하며 모험을 즐긴다.

□ 22. 전문 자격증을 2개 이상 가지고 있다.

□ 23. 한 분야에 대해 책을 한 권 낼 수 있을 정도로 남들이 인정하는 탁월한 분야가 있다.

□ 24. 수입의 25% 이상을 자기계발에 투자한다.

□ 25. 외국어 공부를 1년 이상 지속하고 있거나, 남들이 부러워할 정도로 능통한 외국어가 있다.

□ 26. 한 달에 최소 4권 이상의 책을 읽는다.

□ 27. 현재 직업 외에 또 다른 직업에 대한 준비를 하고 있다.

□ 28. 지금 다니는 직장을 그만두더라도 평균 이상의 삶을 유지할 방도가 있다.

□ 29. 70세 이상까지 일할 자신이 있다.

□ 30. 재테크를 주제로 한 온라인 커뮤니티에서 활동 중이다.

편의상 문항 01~10을 A, 문항 11~20을 B, 문항 21~30을 C라고 하

자. 우선 10문항씩인 각 그룹마다 체크한 문항 수를 센다. 세 그룹 중 체크 횟수가 가장 많은 그룹이 나의 스타일이다. A그룹에 체크한 횟수가 가장 많다면 저축형, B그룹에 체크한 횟수가 가장 많다면 투자형, C그룹에 체크한 횟수가 가장 많다면 자기주도형이다. 저축형, 투자형, 자기주도형은 스타일의 차이를 말할 뿐 어느 성향이 더 우월하거나 열등하다는 의미는 아니다.

전반적으로는 체크 횟수가 많은 것이 좋다. 각 스타일당 평균 7문항 이상을 체크했다면, 경제 지식과 역량을 갖춘 사람으로 봐도 무방하다. 탄탄한 기반을 갖추고 있어 재무설계를 제대로 한다면 재무목표를 달성할 가능성이 충분한 사람이다. 평균 4~6문항을 체크했다면, 경제 지식은 양호한 편이지만 좀 더 노력이 필요한 사람이다. 소모적 지출·투자·저축을 하고 있을 가능성이 크기 때문에 분발해야 한다. 3문항 이하를 체크했다면 기본기가 전혀 없는 사람이다. 심각한 상태로, 하루라도 빨리 제대로 된 재무설계가 필요하다.

자기주도형

자기주도형은 금융상품이나 부동산을 통한 재테크에 나서기보다는 자신의 직업이나 전문 분야에서 승부를 내고 이익을 실현하려는 스타일이다. 투자 성향이 공격적이냐 안정적이냐는 중요하지 않다. 자신과 자신의 업에 집중 투자하여 자기가치를 늘리려는 경향이 있다. 그리고 안정지향적인 저축형이 '직장'에 비중을 두는 성향인 것과 달리, 자기주도형은 '업' 자체에 비중을 두는 경향을 보인다. 자신에 대한 투자는 어떤 면에서 가장 공격적이라고 할 수 있다. 그러나 자신이 가장 잘 아는 자신에게 투자한다는 면에서는 가장 신뢰할 수 있고 안정적이라고도 할 수 있다. 이러한 자기주도형의 양면을 살펴보자.

자기주도적 성향의 소모적인 측면은 한마디로 기본적인 생활질서가 잡히지 않고, 경제관리가 안 되는 것이다. 경제관념이 부족하기 때문에 무계획적이고, 무절제한 생활에 쉽게 빠진다. 여러 가지 유혹에 쉽게 노출되고 자신의 욕망을 실현하고자 하는 경향이 강하다. 돈과 시간을 낭비하는 것을 단순히 경험으로 치부하기도 한다. 특히 투자 방향이 잘못 설정되면 자신에 대한 투자가 아니라 의미 없는 비용의 손실을 입게 된다.

대체로 이런 성격의 사람들은 저축이나 투자에 둔감하고, 세상의 경제적인 흐름이나 금융상품에도 지나치게 무관심한 측면이 있다. 내가 성장해서 돈을 잘 벌게 되면 만사형통이라는 것이다. 그래서 기본적인 여유자금 마련이나 위험에 대한 대비가 되어 있지 않다. 인생에서 닥칠 수 있는 여러 문제들에 무방비로 노출된 채 앞만 보고 달려가는 유형인 것이다.

지출에도 생산적인 측면이 존재한다. 비용 없이 수입을 얻을 수 없기 때문에 지출은 수입의 전제조건이 된다. 최소한의 경제적인 안정을 바탕으로 비용을 투자하여 자신의 가치를 높이는 데 집중한다면 큰 성과를 거둘 수 있다. 특히 요즘과 같이 평생직장의 개념이 약해지고 개인 브랜드에 대한 중요도가 높아지는 세상에서 전문적인 능력 개발은 든든한 자산이 될 수 있다. 자신의 업에 집중하고 새로운 능력을 계발하기 위해 계속 도전하는 사람은 인생에 대한 만족도가 높다. 전문성을 바탕으로 이익을 실현하기 때문에 이익의 증가폭도 빠를 수 있고, 직장에서의 불안감을 해소하고 사업 등으로 전환하기에도 용이하다.

요컨대 자기주도적 성향이 강한 사람들은 지출의 소모성을 제거하고 생산적인 면을 발전시키는 길을 선택함으로써 대안을 찾을 수 있다. 자신의 전문성을 강화하는 데 비용을 쓰되, 경제 전반의 흐름 속에서 지출의 분야와 금액을 결정함으로써 오판을 피하고 올바른 자기계발을 할 수 있다. 이때 금융상품 선택 등 기본적인 재무설계를 병행하는 것이 좋다.

저축형

저축형은 안정지향적인 스타일이다. 갑자기 큰돈을 벌기보다는 열심히 일해서 꾸준히 돈을 벌려고 한다. 조금씩 성장해가면서 재산을 축적하는 스타일을 대표한다. 저축은 무조건 생산적이고 좋은 것이라 생각하기 쉬운데, 저축에도 생산적 측면과 소모적 측면이 함께 존재한다.

먼저 저축의 소모적인 면이 나타나는 경우를 보자. 저축 성향이 강한 사람들은 대체로 경제흐름과 금융상품에 무관심한 경향을 보인다. 돈은 오로지 일을 통한 수입에 의해서만 늘어난다고 믿기 때문이다. 물가상승률을 고려하지 않고 금융상품에 가입함으로써 실질적인 손해를 입기도 하며 고수익을 올리는 사람을 보면서 상대적 박탈감을 느끼기도 한다. 그러다 잘못된 정보에 현혹되는 극단적인 양상으로 변화하기도 한다. 안정을 추구하고 직장에 의존하는 측면이 강하기 때문에 모험성과 적극성이 부족하여 발전이 더딘 단점도 있다. 한마디로 지나친 안정추구로 인해 시대에 뒤처지거나 손해를 볼 수 있다.

저축의 생산적 측면이 극대화되기 위해서는 지혜가 필요하다. 당장 눈앞에 있는 것뿐만 아니라 시야를 넓혀도 보고, 멀리 보면서 저축의 강점을 살리는 것이 좋다. 저축 성향이 강한 사람들은 경제흐름이나 금융상품에 대한 기본적인 정보와 지식을 갖고, 안정적이면서도 수익성이 높은 금융상품을 이용하는 태도가 필요하다. 또한 현재 직장에 충실한 것은 여러모로 바람직한 태도이다. 알뜰한 자세도 훌륭하다. 그렇지만 눈에 보이는 돈이 전부가 아니다. 시간의 가치, 실질적인 가치, 미래에 상승할 가치 등을 고려하여 진정한 절약, 통 큰 절약을 할 줄 알아야 한다.

투자형

투자형은 공격적인 투자 스타일을 갖고 있다. 금융상품을 통한 이익 실현에 관심이 많으므로 이에 대한 공부를 전문가 수준으로 많이 하는 편이다. 이러한 투자형의 양면을 살펴보자.

먼저 소모적인 면으로 나타날 때는 지나치게 도박적인 재테크에 몰입한다. 단기간에 큰 수익을 얻기 위해서 부채를 이용한 투자를 하거나 부실채권, 부실기업에 투자하기도 한다. 풍문에 흔들리기 쉽고 테마주만을 찾아다니는 경향을 보인다. 여유자금이 아닌 기본적인 생활자금을 투자에 집어넣기 때문에 심적인 안정을 찾지 못하고 늘 불안한 생활을 한다. 따라서 투자에 관한 현명한 판단을 내릴 수 없고, 올바른 매수시점과 매도시점을 찾지 못한다. 심지어 빚을 내서 투자하다 남에게도 큰 피해를 주고, 자신의 경제생활도 파탄이 나는 경우가 비일비재하다.

반면에 투자 성향이 생산적인 면으로 펼쳐질 때에는 긍정적인 결과가 실현된다. 공격적인 금융상품에 투자할 때에도 원칙에 기반을 둔 투자를 하게 된다. 높은 수익률을 지향하면서도 투자의 정석인 가치투자, 장기투자의 원칙을 지키기 때문에 늘 안정적인 기반은 가지고 있는 상태에서 투자를 할 수 있다. 기본적인 생활자금과 비상자금이 확보된 안정된 기반 위에서 투자를 하기 때문에 심리적인 안정을 찾을 수 있고, 위험한 유혹에 휘둘리지 않고 현명한 판단을 내릴 수 있다.

간혹 전문가 수준으로 투자를 공부한 사람들이 직접투자를 통해 높은 이익을 실현하기도 한다. 그러나 대부분의 경우에는, 전문가들을 통한 간접투자가 더 유리하다. 투자 성향이 강한 사람들은 저축 성향이 강한 사람들과는 달리 은행상품이나 채권형 상품보다는 주식형 상품을 선호한다. 또한 자신이 주식을 보유한 회사를 자신의 회사라는 생각을 갖고 있다. 그래서 그 기업의 전반에 대해서 잘 알고 있고, 의견도 적극적으로 개진한다. 그러한 주인의식을 바탕으로 저평가된 기업에 도움을 주고, 자신도 고수익을 실현한다. 생산적인 투자를 위한 원칙 몇 가지를 소개하겠다.

① 주식투자는 반드시 긴급 활용처가 없는 여유자금으로만 한다.
② 수익과 손실의 가능성이 같다는 사실을 기억한다.
③ 미수와 신용매매는 지옥으로 가는 지름길이다.
④ 나누어 사고 나누어 팔아라.
⑤ 경제 상황을 보면서 잘 아는 업종과 기업에 투자한다.
⑥ 투자 전문가가 아니면 간접 투자를 이용하라.

이 세 가지 스타일 중 자신에게 맞는 스타일을 찾은 후 생산적인 면을 최대한 발휘하기 위해 금융과 관련된 인생을 계획하고, 포트폴리오를 짜는 것이 효과적이다.

은퇴준비를 위한
전략적 재무설계

왜 재무전략인가

1998년, 삼성전자의 주가가 3만 2,600원이었던 적이 있었다. 그로부터 10년 후인 2008년 5월 삼성전자의 주가는 76만 원을 기록했다. 10년 만에 2,300%의 수익률을 보인 것이다. 물론 삼성전자 주가는 76만 원의 고점을 찍은 지 다섯 달 만인 2008년 10월, 글로벌 금융위기 여파로 증시가 폭락하면서 40만 3,000원까지 떨어진 바 있다. 그런데 당시 미래에셋 박현주 회장은 '100년에 한 번 올까 말까 한 절호의 투자 기회'라고 이야기했고, 이에 많은 네티즌들이 박회장을 비난하는 글을 올리기도 했다. 하지만 그때 삼성전자의 주식을 샀더라면 채 1년도 안 되어 투자금액이 두 배로 늘어났을 것이다. 11개월 후인

2009년 9월 삼성전자 주가가 80만 6,000원을 기록했으니 말이다. 그리고 이 책을 쓰는 2013년 10월 현재 144만 3,000원을 기록 중이다.

1998년에 투자금 1억 원을 가지고 한 사람은 수도권 소재 32평형 아파트를 분양받아 구입하고 한 사람은 삼성전자 주식을 매수했다고 치자. 두 사람은 현재 어떻게 되어 있을까. 전자의 경우 보유 아파트 시세가 약 4억 원이 될 것이다. 반면 후자의 경우 주식평가액이 약 45억 원에 달할 것이다. 아파트 대신 삼성전자 주식을 샀다면 '대박' 수준의 엄청난 수익을 올렸을 것이란 이야기다. 삼성전자 주식의 사례가 조금은 극적으로 여겨질 수도 있겠지만, 주식시장에서 그 정도의 시세변화가 극단적인 것은 아니다.

이와 같이 주식은 큰 기회를 가져다줄 수 있다. 물론 실제로 그런 기회가 주어졌을 때 그게 기회라는 것을 알기는 무척 어렵다(또한 주식은 기회만큼 리스크도 크다는 사실을 잊어서는 안 된다). 따라서 항상 장기적인 비전과 목표를 가지고 투자해야 한다.

대표적인 증권사 20여 곳에서 2010년 증시를 예측한 자료를 살펴보면, 코스피 지수 최저 1,376포인트에서 최고 1,903포인트까지로 변동폭이 매우 컸다. 이렇게 변동폭이 큰 장세에서 확실한 목표설정이 되어 있지 않은 사람들은 '과연 내가 이 시점에서 어떻게 해야 하는가' 하는 고민에 빠질 수밖에 없다. '아니, 주가가 3만 원일 때가 있었단 말야?' '지금 들어가면 너무 빠를까? 이미 늦은 걸까?' 하면서 오락가락하는 것이다.

개구리가 어디로 튈지 모르는 것처럼, 주식도 어디로 튈지 모른다고들 이야기한다. 더구나 1,300대에서 1,900대까지 오가는 변동성 장세에서는 더욱 그렇다. 부동산도 마찬가지고 예금과 적금의 금리도 어떻게 될지 알 수 없다.

우리에게 재무설계가 필요한 것, 그리고 장기적으로 포트폴리오를 짜서 투자해야 하는 것은 바로 그런 이유에서다. 내가 지금 투자하는 자금이 단기적으로 써야 할 자금인지, 중기적으로 쓸 자금인지, 장기적으로 두어도 될 자금인지에 대한 명확한 구분도 없이, 그냥 어느 주식이 좋다고 하니까 덜컥 매수하는 식으로는 올바른 투자를 하기 어렵다.

재테크 유전자에서 재무설계 유전자로

우리는 이 책에서 100세 시대의 은퇴를 이야기하고 있다. 예전에는 은퇴 후의 40년을 이야기하지 않았다. 과거에는 은퇴시기도 늦고 평균수명도 짧았기 때문에, 은퇴를 하고 길어야 20년 정도의 노년을 보내다 사망하는 것이 보통이었다. 하지만 지금은 주된 직장에서 퇴직 후 20년 정도의 제2 활동기를 보내고 또 10~20년의 노년기를 보낸다. 그만큼 정년은 단축되었고, 평균수명은 길어졌다.

육상선수들을 보면 종목이 단거리냐, 중거리냐, 장거리냐에 따라 전략이 다르다. 육상으로 비유하면, 우리 세대는 단순히 장거리가 아니라 마라톤을 준비해야 한다. 마라톤에는 마라톤에 걸맞은 전략이 필요하다. 42.195㎞를 뛰려면 호흡을 잘 조절해야 한다. 그 긴 레이스 동안 언제, 어떤 장애물을 만날지 모르는 것이 인생이다. 장애물은 세금이 될 수도 있고, 불의의 질병이나 사건사고가 될 수도 있다. 나는 장애물을 만나지 않을 수도 있지 않을까. 유감스럽게도 예외는 없다.

그렇다면 마라톤에 대비해서 어떤 전략을 세워야 할까. 재테크가 아닌 재무설계 전략을 세워야 한다. 지금까지 재테크 유전자로 살았다면 이제부터는 재무설계 유전자로 살아가야 한다.

재무설계는 인생의 긴 레이스에서 일어날 수 있는 각종 위험에 대비하고 원하는 목표를 달성하기 위해 각 이벤트별로 자금계획을 세운다. 뒤에서 다시 살펴보겠지만, 대표적인 생애 이벤트로는 보통 '빅 세븐(Big 7)'이라 부르는 결혼, 주택, 교육, 은퇴, 비상예비, 생활, 롱텀케어(Long Term Care, LTC)가 있으며, 이벤트별로 미리 자금을 마련해두어야 한다. 롱텀케어 자금과 같이 은퇴 후에 간병을 받는 데 들어갈 돈까지 지금 미리 생각을 해둬야 한다. 물론 이러한 이벤트는 사람들마다 다르니 고정된 것으로 여기지 말고 자신만의 창의적인 이벤트들을 융통성 있게 생각해보고 계획하면 된다.

변동지출과의 줄다리기

　은퇴자금을 준비하는 데 있어 효과적인 지출 관리는 필수적이며 건전한 소비 습관을 유지하는 일이 중요하다. 특히, 변동지출을 조절할 수 없다면 결코 부자가 될 수 없다. 변동지출을 관리하는 것은 자산을 축적하는 데 너무나 중요하다. 변동지출을 어떻게 관리하느냐에 따라, 10년 후에 지금보다 훨씬 더 나은 삶을 사느냐, 그 반대의 삶을 사느냐가 결정된다고 해도 과언이 아니다. 따라서 수도꼭지를 잠그듯 변동지출을 줄여야 한다. 과도한 외식비나 불필요한 물건들을 구입하는 데 들어가는 비용을 줄여서 장기적으로 투자할 수 있는 기반을 마련해야 한다.

　변동지출은 씨름선수처럼 힘이 센 사람이고 변동지출 앞에서 나는 연약한 어린이가 된다고 생각해보자. 둘이 줄다리기를 한다면 백이면 백 내가 끌려가고 말 것이다. 이렇듯 변동지출에 끌려 다니는 인생은 미래를 보장받을 수 없다.

　이렇게 힘이 센 변동지출과의 줄다리기에서 이길 방법은 무엇일까. 그것은 줄을 놓아버리는 것이다. 변동지출을 쥐고 있는 줄을 놓아버려야만 변동지출로부터 자유로울 수 있다. 소모적 지출을 생산적 지출 혹은 생산적 저축이나 투자로 전환하기 위해서는 변동지출과의 힘겨운 줄다리기를 그만둬야 한다. 과감하게 변동지출을 떨어뜨려 내고 생산적인 돈의 활용에서 즐거움을 찾는 습관을 익혀야 한다.

또한 어디에 썼는지 불분명한 지출, 즉 기타 지출을 파악하고 이를 줄여야 한다. 개인적인 현금흐름표를 만들어보면 수입과 지출이 딱 맞아떨어지지 않는 경우가 많다. 각종 소득을 모두 계산하고 여기에 고정지출과 변동지출을 제하면 현재 가지고 있는 순수입과 맞아떨어져야 하는데 이때 차이가 나는 지출이 바로 기타 지출이다. 개인적인 재무제표인 현금흐름표를 작성하는 이유도 바로 이런 미파악 지출을 찾아내기 위해서다.

기타 지출은 부자가 되는 길을 막는 암적인 항목이다. 내 자산 어딘가에서 독버섯처럼 돋아나고 있는 기타 지출이라는 암을 제거하는 것은 변동지출을 줄이는 것과 함께 매우 중요한 일임을 명심해야 한다.

타임 밸류 머니를 생각하라

통계청 자료에 의하면 1965년 짜장면값은 35원, 다방 커피값은 30원, 공중목욕탕 요금은 30원이었다. 즉, 당시에는 지갑에 100원이 있으면 짜장면으로 배를 채우고, 다방에서 커피 한 잔 마시고, 공중목욕탕까지 다녀와도 5원이 남았다. 그렇다면 요즘은 어떨까. 짜장면 한 그릇에 4,500원, 커피 한 잔에 3,500원, 목욕탕 요금이 6,000원이니 이 세 가지를 모두 하려면 1만 원 가지고도 한참 모자란다.

계산해보면, 1965년부터 2013년 사이에 이 세 품목의 가격은 100배가 훨씬 더 넘게 올랐다. 다소 편차는 있지만 시간이 지남에 따라 엄청나게 상승했다는 점에서는 공통적이다. 여기서 알 수 있는 것은 역시 돈은 시간에 따라 가치가 달라지며, 물가는 지속적으로 상승한다는 것이다.

돈이 시간에 따라 가치가 달라지는 것을 타임 밸류 머니, 줄여서 TVM이라고 한다. 장롱이나 항아리에 1억 원을 묻어두고 10년 후에 다시 꺼낸다면, 원금은 보장되겠지만 돈의 가치에 대한 원금은 보장되어 있지 않을 것이다. 물가상승 등으로 인해 10년 후의 1억 원은 지금보다 가치가 형편없이 떨어져 있을 테니 말이다.

따라서 은행에 돈을 넣어두는 것은 마치 하행 엘리베이터에서 올라가려고 기를 쓰는 것과 같다. 부동산투자, 금융투자 모두 위험하며 현금성 자산 투자가 안전하다고 이야기하는 사람들이 있지만, 타임 밸류 머니(TVM)를 생각하면 예금·적금 등을 통한 현금성 자산에 치중하는 것은 위험하다. 현재와 같은 상황에서는 자산관리에서 부동산투자, 금융투자를 생각하지 않을 수 없다는 결론에 도달한다.

베이비붐 세대와 자산구조 이동

그렇다면 부동산투자와 금융투자 중 어느 쪽을 선택해야 할까. 부동산투자와 관련해 고려해야 할 요소는 인구구조다. 현재 인구구조에 있어서 베이비붐 세대가 이슈가 되고 있다. 한국의 베이비붐 세대는 1955년부터 1963년 사이에 태어난 이들을 일컫는다. 이들은 약 712만 명으로 전체 인구의 15%를 차지하고 있다. 이 베이비붐 세대의 은퇴가 시작되었다는 사실은 매우 중요하다. 앞으로 10년 내에 베이비붐 세대 거의 모두가 은퇴하게 될 것이다.

문제는 베이비붐 세대의 가계자산 중 부동산자산이 77%나 된다는 점과 이들이 노후준비에 미흡하다는 점이다. 부동산자산 비율이 압도적일 뿐만 아니라, 노후준비도 국민연금을 비롯한 공적연금과 얼마 되지 않는 현금성 자산에 크게 의존하는 형편이어서, 은퇴 후에는 쓸 돈이 부족하게 될 것이다. 시쳇말로 아파트의 벽돌을 빼서 쌀을 사고 밥을 해먹을 수는 없는 노릇이기 때문에, 베이비붐 세대는 은퇴 후 부동산을 처분하거나 부동산을 담보로 돈을 융통할 수밖에 없다.

베이비붐 세대가 은퇴 후 부동산을 처분하면 어떤 일이 벌어질까. 일본 부동산시장의 몰락에서 보듯, 지금까지 부동산이 인구구조를 이긴 경우는 없었다. 그렇기 때문에 앞으로 2~3년 후부터는 본격적인 자산구조의 변화, 이른바 '자산 시프트'가 일어날 전망이다.

간접투자는 운용 전문가에게 돈을 맡겨서 그 운용 전문가가 투자를 대신해주는 것이다. 간접투자를 하면 운용 수수료가 들지만 이를 상쇄하는 장점이 많으므로 직접투자보다 유리하다. 일반 투자자는 하루 종일 컴퓨터에 앉아 투자만 하고 있을 수 없고, 정보의 비대칭성으로 인해 전문가들보다 정보가 부족하기 때문이다.

현재 펀드 수는 1만 개가 넘는다. 수많은 펀드 중 선택하기에 앞서, 먼저 자신의 투자 성향을 진단해야 한다. 투자 성향은 보통 보수형이냐, 안정형이냐, 독립형이냐, 성장형이냐, 공격형이냐 등으로 말하는데, 일반적으로 다음과 같이 구분한다. 기대수익률을 5% 정도로 생각하는 사람은 보수형으로 보고, 15% 이상으로 보는 사람은 공격형으로 본다. 기대수익률을 15%로 생각한다는 것은 손실 수준도 그와 비슷한 −12% 정도로 생각한다는 이야기다. 금융회사마다 명칭은 다르지만 펀드상품이 공격투자형, 성장형, 위험중립형 등으로 분류된 것을 흔히 볼 수 있다.

펀드 하나하나의 수익률을 체크해서 옥석을 가리는 것도 중요하지만, 자신의 투자 성향 파악이 선행되어야 한다. 보수적 성향을 지닌 투자자가 공격형 펀드에 투자하면 좌불안석이 되기 십상이고, 공격적 성향을 지닌 투자자가 보수형 펀드에 투자하면 불만만 가득하게 될 것이기 때문이다. 간접투자를 하기 전, 자신의 투자 성향부터 진단해야 함을 명심하자.

적립식 투자의 장점

간접투자를 하게 되면 대체로 적립식 투자를 추천받게 된다. 적립식 투자는 비유하자면 사과가 10원일 때도 사고 100원일 때도 사는 것이다. 적립식 투자를 하면 비쌀 때 적게 사고 쌀 때 많이 사두기 때문에 평균매입단가를 낮추는 효과가 있다. 이를 다른 말로 코스트 애버리지 효과(Cost Average Effect; 평균매입단가 효과)라고 한다. 평균매입단가를 낮춰서 산 후 가격이 비쌀 때 팔기 때문에 이를 통해 수익을 거둘 수 있다. 그런 점이 적립식 투자의 장점이 되는 것이다.

그런데 적립식 투자는 장기적으로 주가가 오를 수 있다는 전제에 기초한다. 이런 신념의 근거는 무엇일까. 산업혁명 이래 오랜 시간 동안 산업이 발전해왔고 주가 역시 역사적으로 7~8% 상승해왔다는 점을 근거로 들 수도 있다.

나는 적립식 투자를 하라고 많은 사람에게 추천한다. 그 근거는 앞으로 퇴직연금이 전면적으로 시행되면 많은 자금이 대부분 금융시장으로 유입될 것이라는 데 있다. 미국에서도 퇴직연금제도가 시행되면서 본격적으로 주식시장이 성장했듯이, 한국도 그 전철을 밟게 될 것이다.

그리고 현대는 금리가 물가상승률을 이길 수 없는 저금리 시대이기 때문에 주식투자는 필수적이라고 할 수 있다. 일반 개미들의 투자금 뿐만 아니라 많은 연기금, 공적자금, 기금들의 증시 투입이 확대되고 있는 것도 그러한 이유 때문이다. 그래서 나는 "지금은 장기투자에 대한 희망을 가지고 적립식 투자를 해야 할 때"임을 강조한다.

1달러의 지혜와 개성상인

미화 1달러 지폐 뒷면에는 상징적 문양이 담겨 있다. 왼쪽 원에는 피라미드와 빛나는 눈이, 오른쪽 원에는 독수리가 그려져 있다. 독수리 그림을 자세히 보면 오른발에는 올리브나무, 왼발에는 화살, 가슴에는 방패가 있음을 알 수 있다. 올리브나무, 방패, 화살은 각각 평화와 번영을 추구하지만(올리브나무), 스스로를 지킬 힘이 있으며(방패), 침입을 받을 때나 평화를 위해서는 전쟁을 불사한다(화살)는 상징적 의미로 해석된다.

하지만 이 문양들을 재무의 측면에서 해석할 수도 있다. 실제로 미국인들은 자신의 자녀에게 첫 용돈으로 1달러를 주면서 이 돈을 현명하게 쓰기 위해 독수리의 지혜를 빌린다는 이야기를 한다고 한다. 이때 올리브는 번창과 번영을 상징한다. 1달러는 아주 적은 돈이지만 올리브나무가 열매를 맺듯이 돈을 잘 모으는 지혜를 기르라는 의미다.

방패는 돈을 지키는 것을 상징한다. 돈을 아무리 잘 모아도 돈을 지킬 수 없다면 무용지물이며, 우리 인생에는 컨트롤할 수 없는 부분이나 예측할 수 없는 위험이 많기 때문에 최대한 돈을 잘 지키라는 의미다. 화살은 돈을 쓰는 것을 상징한다. 공격적으로 써야 할 때는 쓰고 또 기부할 때는 기부하면서 돈을 합리적으로 쓰라는 뜻이다. 한번 쏜 화살은 다시 돌아오지 않기 때문에 세금과 관련한 것으로 이야기할 수도 있다.

이와 같은 재무적 해석은 구전으로 전해 내려오는 개성상인의 돈의 지혜와도 맞닿아 있다. 돈과 관련해 개성상인의 철학으로 '3전'이 유명한데 집전(集錢), 수전(守錢) 용전(用錢)이 그것이다. 집전은 돈을 모으는 것을, 수전은 돈을 지키는 것을, 용전은 돈을 쓰는 것(또는 굴리는 것)을 일컫는다. 즉 개성상인들은 돈을 잘 모으고 잘 지켜야 하며 잘 써야(굴려야) 한다는 점을 강조했으며, 이것은 앞서 미화 1달러 지폐의 올리브 나무, 방패, 화살의 상징과도 일맥상통한다. 물론 이 세 가지는 오늘날 우리가 명심해야 할 재무설계 원칙들과 불가분의 관계에 있다.

돈을 모으되, 목표를 가지고 목적자금별로 모아야 한다. 대표적인 생애 재무 이벤트들을 고려해 돈을 모으는 것이 집전이다. 그리고 용전은 단순히 통념적 지출에만 국한된 것이 아니다. 세금 납부, 공과금 납부, 투자가 모두 용전에 해당한다. 수도꼭지를 풀었다 잠갔다 하는 것처럼(사용처가 어디든) 돈을 쓰는 것을 관리할 필요가 있다. 수전도 돈을 단순히 지키는 것을 넘어 리스크를 대비하는 것까지 포함한다. 우리 인생에는 항상 수많은 'IF', 즉 '만약'이 끼어들게 마련이어서, 내가 일자리를 잃어 수입이 중단되는 등 사건·사고가 비처럼 내릴 때 이를 막아줄 우산이 필요하다. 그런 의미에서 나는 수전을 우산으로 표현하곤 한다. 보험상품 역시 수전의 차원에서 사고할 줄 알아야 한다.

어쨌든 이렇게 1달러와 개성상인의 지혜를 잘 생각하며 다각적인 관점에서 재무설계를 할 수 있어야 한다.

보장자산이란 무엇인가

보장자산을 이야기할 때 단지 실손보험, 생명보험만 고려해서는 안 된다. 우리가 일찍 다치고 죽을 확률 못지않게, 오래 살 때의 리스크도 생각해야 하기 때문이다. 보험은 보험회사와 소비자 간의 치열한 확률게임이다. 주변에 보면 싸고 좋은 보험에 들었다고 얘기하는 이들이 있는데, '싸고 좋은 보험'이란 존재할 수 없다. 종종 우리는 보험회사도 이윤을 내야 하는 기업이라는 사실을 잊곤 한다.

예를 들어 보험상품을 다소 과장해서 재미있게 풀어보면 이런 식이다. 보험회사에서 "교통사고로 사망했을 때 1억 원을 드릴 테니 매달 2만 원을 납입해주세요"라고 이야기한다. 그런데 내가 2만 원이 비싸다고 고개를 가로젓는다면, "휴일에 교통사고 났을 때를 보장해드릴 테니 매달 1,000원만 내세요"라고 이야기한다. 그런데 그 돈도 비싸다고 한다면, "휴일에 경부고속도로에서 교통사고로 사망했을 때만 보장해드릴 테니 100원만 내세요"라고 이야기한다. 일반인이 내용을 꼼꼼히 살펴보기 힘들어서 그렇지 보험상품이란 항상 이런 식이다. 그런 면에서 보험회사를 뛰어넘을 수는 없지만, 수전의 의미에서 급여의 일정 비율은 보장자산으로 구성하는 것이 좋다.

보험상품은 일정 시점이 지나면서 비과세가 되는 비과세 상품이 많다는 장점이 있다. 다른 측면에서 그 시기까지 보험을 쥐고 가야 하기 때문에 환금성이 나쁘다는 단점이 있다. 따라서 자금 여유가 충분한 사람이라면 저축형 보험상품을 비과세 용도로 활용하면 좋다.

하지만 근본적으로 우리가 보험을 투자로 인식하는 사고에서 벗어나야 한다. 보험은 본래의 의미인 보장에 더 초점을 둬야 한다. 보험상품은 보장성보험과 은퇴자산을 위한 보험이 중심이 되어야 한다. 다시 말해 위험을 보호하기 위한 용도로만 활용하는 것이 좋다. 물론 앞서도 말했듯이 여유가 있다면 절세의 측면에서 다양한 보험상품을 적극 활용하는 것도 좋다.

성공적인 재무설계를 위한 5가지 습관

재무설계를 위해서는 다음과 같은 다섯 가지 습관을 가져야 한다.

① 목표를 세우고 우선순위를 정한다.

② 위험관리에서부터 시작한다.

③ 가능한 절세방법을 찾는다.

④ 반드시 전문가와 함께한다.

⑤ 지금 시작한다.

하나하나를 살펴보면 다음과 같다. 성공적인 재무설계를 위해서는 첫째, 목표를 세우고 우선순위를 정해야 한다. 연초가 되면 적금을 드는 사람들이 많이 있다. 그런데 적금 가입자 중 적금을 만기까지 가져가는 사람은 30% 정도밖에 안 된다고 한다. 10명 중 3명밖에 성공을 못하는 것이다. 이런 것들이 모두 별다른 목적 없이 적금을 넣기 때문이다.

적립식펀드도 남들이 좋다고 해서 드는 경우가 많다. 예전에 한 방송에서 베트남이 뜬다는 프로그램을 방영해서 화제가 되고 베트남펀드가 일대 유행을 일으킨 적이 있다. 그런데 얼마 지나지 않아 베트남펀드의 수익률이 폭락하는 안타까운 일이 벌어졌다. 뚜렷한 목적과 목표도 없이 남들이 좋다고 하니까 부화뇌동해서 따라했다가는 그처럼 좋지 못한 결과를 얻을 가능성이 크다. 전략과 전술 없이 좋은 무기만 찾아다니는 어리석은 병사와 같은 것이다.

금융상품을 선택할 때는 스스로에게 적어도 두 가지 질문은 해봐야 한다. '왜 이 상품을 가입해야 하는가'와 '언제까지 이 상품에 투자할 것인가'가 그것이다. 이러한 질문에 분명한 답을 가지고 있지 않다면 목적과 목표가 뚜렷하지 않은 것이고 결국 수익이 날 때까지 이 상품을 가지고 있지 못하는 것이다. 따라서 투자에 있어서나 재무설계에 있어서 가장 첫 번째로 해야 할 일은 목표를 세우고 우선순위를 정하는 것이다.

둘째, 위험관리에서부터 시작해야 한다. 건물을 짓는다면 땅부터 깊게 파고 바닥을 튼튼히 다지는 것이 필수적이다. 건물이 완성되면 눈에 보이지 않게 될 부분이지만 그렇게 해야 건물의 안전이 보장되기 때문이다. 기업의 경우도 리스크 매니지먼트가 필수다. 개인의 위험관리도 그와 다르지 않다. 개인도 겉으로는 잘 드러나지 않지만 언제 닥칠지 모르는 위험을 대비해야 한다.

셋째, 가능한 절세방법을 찾아서 절세를 해야 한다. 인간이 살아가면서 누구도 피할 수 없는 두 가지가 있다고들 한다. 바로 죽음과 세금이다. 그만큼 세금은 오랜 세월 동안 인간의 삶에서 중요한 자리를 차지해왔다. '소득이 있는 곳에 세금이 있다'는 말처럼, 세금은 우리의 경제적 삶에서 떼려야 뗄 수 없는 요소다. 하지만 평소 우리는 죽음을 망각하듯 세금 역시 큰 관심을 기울이지 않는 편이고 그 때문에 손해를 입곤 한다. 과거보다는 세금에 대한 관심이 늘어 연말정산 등을 통해 절세를 하는 움직임이 늘어나고 있지만, 여전히 절세방법을 몰라서 손해를 보는 경우가 많다. 가랑비에 옷 젖는 줄 모른다고, 절세를 하지 못해 누수되는 돈이 결코 적지 않다. 따라서 절세를 하는 것은 돈을 버는 것 못지않게 중요한 체크 포인트임을 알아두고 절세를 생활화할 필요가 있다.

넷째, 반드시 전문가와 함께해야 한다. 금융업에 전문적으로 종사하는 사람이 아닌 일반인들은 수많은 펀드를 분석해 옥석을 가릴 시간도, 역량도 부족하다. 따라서 나의 성향도 판단해줄 수 있고, 금융상품도 분석해줄 수 있는 그런 '금융 주치의'와 같은 사람을 만나서 투자를 시작하는 것이 좋다.

금융계는 지금 유통혁명 중이다. 지금까지는 금융상품을 만드는 회사에서 유통과 판매를 모두 담당했다. 그런데 특정 금융사에 전속되지 않고 여러 금융사와 제휴를 맺어 다양한 금융상품들의 취급·판매를 전문으로 하는 독립금융판매사(General Agency; 약칭 GA)들이 등장하면서 제조와 판매가 분리되기 시작했다. 미국과 유럽과 같은 선진국에서는 투자자 10명 중 8명이 독립금융판매사를 통해 금융상품을 선택한다. 하지만 대한민국에서는 아직 투자자 10명 중 2~3명 정도만 독립금융판매사를 통해 금융상품에 가입하는 실정이다. 하지만 한국도 결국 선진국처럼 독립금융판매사들이 주류를 이루게 될 것이라는 데 전문가들의 의견이 모아지고 있다.

사람들은 더 높은 수익률을 위해 더 나은 상품에 대한 니즈를 갖고 상품을 찾으려고 하지만 정보가 부족하다. 기존의 금융회사들은 자사의 전속 상품 위주로 가입 권유 및 판매를 해오고 있기 때문에 투자자들의 입장에서는 여러 제휴 금융사의 상품들을 망라해서 취급하는 독립금융판매사를 이용하면 여러모로 유리한 점이 많다.

다섯째, 바로 지금 시작해야 한다. 유명 극작가인 버나드 쇼의 묘비명 '우물쭈물하다가 이렇게 될 줄 알았지'처럼, 우리의 인생도 그렇게 될지 모른다. 망설이다가 세월만 흘려보내면 어느새 아무런 준비 없이 늙고 병들어 있을지 모른다. 따라서 지금 당장 준비하고 실행에 옮겨야 한다.

전환기의 안목과 지혜

헤겔은 "미네르바의 부엉이는 황혼 무렵에 비로소 날갯짓을 한다"고 했다. 한 시대가 끝날 때 새로운 지혜가 비상한다는 이야기이다. 재무설계의 시대를 넘어 은퇴설계의 시대가 왔다. 고성장 시대에나 가능했던 지금까지의 방법을 바꾸고 변화해야 새로운 시대에 살아남을 수 있을 것이다.

스포츠 분야의 사례를 봐도 생각의 전환이 얼마나 중요한지 알 수 있다. 가령 수영의 배영 종목은 플립턴(flip turn) 또는 텀블턴(tumble turn)이라 불리는 기법이 나오면서 기록이 비약적으로 단축되었다. 반환점에서 속도를 줄여 손을 짚고 다시 발로 차고 도는 것이 당연시되던 때, 미국의 텍스 로버트슨(Tex Robertson) 코치는 반환점을 앞두고 텀블링하듯 180도 몸을 뒤집어 바로 발로 차고 도는 플립턴 기술을 고안했다. 그의 지도를 받은 고교생 아돌프 키에퍼(Adolph Kiefer)는 이 플립턴 기술로 배영 100야드(91.44m)에서 마의 벽으로 여겨지던 1분벽을 깨뜨렸으며, 이듬해 베를린올림픽 남자 배영 100m에서도 금메달을 차지했다. 턴을 할 때 감속하지 않고 손을 짚는 과정도 생략함으로써 기록혁명을 이끈 플립턴 기술은 이후 배영은 물론 다른 영법 종목으로도 보편화되었다.

육상 높이뛰기에서도 발상의 전환이 높이혁명으로 이어졌다. 1968년 멕시코올림픽에서 사람들은 미국의 딕 포스베리(Dick Fosbury) 선수가 듣지도 보지도 못한 방식으로 높이뛰기 하는 모습을 보고 경악했다. 모두들 가위뛰기 등의 방식으로 가슴과 배를 아래로 향해서 가로막대를 넘는데, 포스베리는 몸을 뉘어 배가 하늘을 바라보는 자세로 가로막대를 넘은 것이다. 그에게 금메달을 안겨준 이 배면뛰기(flop jump) 방식은 높이의 혁신을 가져오며 보편화되었다.

이 같은 스포츠 혁신 사례와 마찬가지로, 나의 돈을 관리하는 것도 과거의 관성이나 통념에 매몰되어 남들 하듯 할 것이 아니라 재무설계로 패러다임을 바꿔야 한다. 수험생들이 대학입시에서 성공을 거두기 위해서는 장기적인 계획을 가지고 꾸준히 공부해야 하는 것처럼, 우리들도 재무적으로 성공하기 위해서는 최종적으로 은퇴했을 때 좋은 재무성적표를 받아들 수 있도록 장기적으로 계획하고 실행해야 한다.

요즘은 노후설계라는 용어 대신 은퇴설계라는 용어를 더 자주 사용한다. 은퇴 후 나이부터 노후가 시작되는 것은 아니기 때문이다. 예전에는 은퇴할 즈음 혹은 은퇴와 동시에 노후가 시작되었지만 이제는 다르다. 미국 사람들한테 재무설계를 왜 하느냐고 물어보면 대부분이 은퇴자금 마련을 위해서 한다는 대답을 한다. 그만큼 재무설계에 있어서 은퇴설계는 중요하다. 선진국은 이미 재무설계의 주된 목적이 은퇴설계를 하기 위한 것으로 정착되고 있다.

단기적으로 돈을 많이 버는 것은 한계가 있다. 최종적으로 성공한 인생을 살기 위해서는 재무설계를 알고 장기적인 안목으로 꾸준히 관리해야 한다. 금융환경과 시대의 변화에 맞물려 자산관리에 있어서 새로운 지혜가 필요하다는 것을 명심해야 할 것이다.

좋은 전문가와의 유대

자산관리를 시작할 때 좋은 전문가와 파트너십을 이루는 것은 매우 중요하다. 그런데 그런 전문가를 찾으려고 할 때, '은행을 갈까, 증권사를 찾아갈까'부터 시작해서 어떤 사람을 만나야 할지 걱정만 앞서는 것이 사실이다.

좋은 금융전문가는 네 가지를 갖추고 있어야 한다. 첫째, 고객의 질문에 충분히 답을 해줄 수 있을 정도로 풍부한 지식을 갖춰야 한다. 기본적인 금융지식은 물론이고, 새로운 변화에 대응할 수 있는 최신 정보들을 갖추고 있어 어떤 질문에도 답을 해줄 준비가 되어 있는 전문가여야 한다. 또 고객이 물어보기 전에 먼저 좋은 정보를 찾아서 제공할 수 있어야 한다. 그런 지식과 정보를 갖춘 사람, 새로운 지식을 발 빠르게 입수해 소화할 만한 인적 네트워크를 갖춘 전문가여야, 고객의 인생 멘토처럼 라이프사이클을 그려놓고 평생의 재무관리를 눈앞에 보이듯이 설명해줄 수 있을 것이다.

두 번째는 태도다. 고객을 바라보는 눈빛에서부터 고객을 대하는 모든 태도가 정직성을 담고 있는가가 중요하다. 아무리 실력이 뛰어나도 진심으로 고객을 위하겠다는 마음이 없다면 아무런 소용이 없다. 대화를 해보면 그 전문가가 가진 업에 대한 태도가 묻어나온다. 그저 설득을 통해 상품을 판매하는 데만 관심이 있는지, 고객의 인생 전체를 관리하고 돌봐주기 위한 것인지 오가는 대화와 눈빛에서 알 수 있다. 물론 그런 안목을 기르기 위해서는 많은 사람을 만나볼 필요가 있다. 고객의 자산을 자신의 자산처럼, 자신의 부모나 형제의 자산처럼 소중하게 다룰 줄 아는 태도를 지닌 전문가여야 한다.

세 번째는 흔히 스킬이라고 말하는 기술이다. 고객이 한눈에 확인할 수 있는 정리된 자신만의 재무설계 리포트를 만들 수 있어야 한다.

그리고 정말 좋은 상품을 선별하고 분석할 수 있는 기술이 있어야 한다. 또한 고객의 투자 성향을 분석한 후 그렇게 분석된 투자 성향을 가지고 펀드상품이든 채권상품이든 고객의 입장에서 선별할 능력과 기술을 가지고 있어야 한다. 넷째, 그 전문가가 정말로 열심히 하는 습관을 가지고 있는 사람인가가 중요하다.

이상의 네 가지를 모두 갖춘 사람이 좋은 금융전문가라고 할 수 있다. 역으로, 좋은 금융전문가를 꿈꾸는 사람이라면 이 네 가지를 모두 갖추기 위해 지속적으로 노력해야 할 것이다.

덧붙이자면, 자본시장통합법 이후로 증권, 은행, 보험 등의 영역 구분이 무의미해지고 있기 때문에 여러 방면의 지식을 아우르는 능력을 가진 사람이 필요한 시대가 시작되었다. 한 분야에만 얽매이지 않고, 다양한 분야에 대해 관심을 가지고 모든 분야를 통합적으로 살펴볼 수 있는 전문가가 중요해지고 있다. 자신의 회사 상품을 팔기 위해서 고객에게 근거가 빈약한 자사 상품에 대한 자랑을 일삼는 사람이 아니라, 여러 회사의 상품을 공정한 시각으로 분석해서 구매 제안을 할 수 있는 사람이 인정받게 될 것이다.

항상 최종 결정은 자신이 하는 것이기 때문에 많은 사람들을 만나고 책을 읽다보면 좋은 전문가를 보는 안목이 길러진다. 좋은 전문가를 만나기 위해서는 기본적으로 자신이 어느 정도 지식을 갖추고 있어야 한다. 따라서 스스로 공부를 미리 해두어야 한다.

4장

은퇴설계는 종합적 인생설계

은퇴 후
직업설계가 핵심

햇살을 머금은 물결이 아름답게 반짝이는 드넓은 지중해, 푸른 파도를 가르는 흰색 세련된 요트. 그 위에서 선선한 바람과 풍요로운 햇살을 만끽하며 여유와 휴식을 즐기는 삶. 청년기에 품곤 하는 노년기 삶에 대한 로망이다. 그러나 이 꿈은 오래가지 않는다. 은퇴 이후를 걱정근심 없는 휴식과 연결하던 치기 어린 환상은 이내 깨지고 만다. 이것은 현실적이지 않을뿐더러 그리 행복한 것만은 아니라는 사실을 알게 되기 때문이다.

대한민국에서 은퇴란 단어는 더 이상 '휴식'의 이미지를 갖지 못한다. 통계청이 2012년에 조사한 결과를 보면 55~79세 남성 중 72.5%가, 같은 나이의 여성 중 47.2%가 계속 일하고 싶어한다고 한다. 완전히 일을 그만두게 되는 나이의 평균은 한국 남성이 71.4세, 여성이

69.9세이다. OECD의 「고령화와 고용정책 보고서」의 내용이다. 평균 퇴직연령이 52.7세인데 그 후 20년 가까이 더 일한다는 의미다. 현실이 이러니 은퇴의 뜻이 달라져야 할 것이다. '주된 직장에서 물러나 새로운 직장이나 일을 시작하는 2차 활동 단계의 시작'이 현재 한국 사회의 은퇴이다.

왜 '일'인가?

나이가 들어서도 계속 일하고 싶어하고 실제로 일하는 이유는 무엇일까? 그 첫 번째는 경제적 필요이다. 노년의 안정되고 풍요로운 생활을 위해 일은 중요한 의미를 갖는다. 노년의 작은 일자리 하나가 품고 있는 경제적 가치는 엄청나다. 특히 초저금리 시대인 현재는 더욱 더 그렇다. 은행금리는 2%대를 지나 1%대까지 떨어졌다. 이런 상황에서 1년에 1,000만 원 수입을 얻으려면 5억 원의 자금이 필요하다. 1년 1,000만 원은 매월 80만 원이 약간 넘는 액수다. 일을 해서 월 80만 원을 벌 수 있다면 현금 5억 원을 가지고 이자 수입을 받는 사람과 똑같은 경제적 효과를 누리는 셈이다.

일과 연금의 경제적 효과에 대해서도 비교해서 살펴보자. 연금을 탈 때의 이자율이나 물가상승률 등을 고려하지 않은 단순계산으로 월 80만 원씩 20년간 연금을 받으려면 그전 20년간 매월 60만 원 가까운 돈을 꼬박꼬박 부어야 한다. 일은 중장년층의 수입을 증가시킬 뿐만 아니라 일하지 않을 때 생기는 소모성 비용을 줄여준다. 이처럼 나이가 들수록 일의 경제적 가치와 효과는 그만큼 더 커진다.

'일'이 중요한 두 번째 이유는 건강과 활력이 높아진다는 데서 찾을 수 있다. 일하는 사람이 더 건강하고 장수한다. 이는 여러 연구를 통해 증명된 객관적 사실이다. 평균수명이 가장 낮은 직업은 무엇일까? 바로 백수이다. 삼육대 천성수 교수의 논문을 보면 백수로 지낸 남성의 평균수명은 60.7세인데 이는 일하면서 산 사람보다 14.4년이나 짧다고 한다. 통계청 고령자 조사를 보더라도 일하는 노인은 일하지 않는 노인보다 30% 정도 더 건강하다고 느꼈다. 그리고 정기적으로 건강검진을 받는 등 건강관리를 하는 비율도 일하는 노인층이 더 높았다.

일하는 사람은 정서적으로도 건강하다. 일은 자신이 쓸모 있는 사람이라는 자존감과 긍지를 높이고 정서적 안정감을 준다. 일이 주는 스트레스가 존재하지만 이것은 일하지 않을 때 생기는 스트레스보다 훨씬 더 약하다. 오히려 적당한 긴장감과 활력을 주는 자극제 역할도 한다. 나이가 들수록 일은 신체와 정신의 건강을 유지해주는 좋은 보약이 될 수 있다.

셋째, 일을 통해 사회에 기여할 수 있다. 특히 나이가 많은 사람은 평생을 통해 쌓아온 소중한 경험과 경륜, 통찰력이 있다. 상황에 대처하는 능력이 뛰어나고 정서적으로도 안정되어 있다. 인적 네트워크도 젊은 사람들과 비할 바가 아니다. 이런 강점을 바탕으로 우리 사회의 미래를 위해 많은 일을 할 수 있다. 직장에서 특유의 능력을 발휘함으로써 젊은이들이 더 잘 일하는 데 뒷받침이 될 수 있고 사회봉사를 통해 직접적인 기여를 할 수도 있다.

일의 가치를 훼손하는 것들

나이가 들어갈수록 일은 소중하고 가치 있는 것이다. 그런 점에서 우리 사회가 중고령층이 더 잘 일할 수 있는 기반을 닦는 데 많은 노력을 쏟아야 할 것이다. 그러나 현실은 녹록하지 않다. 나이가 들어서도 가치 있게 일하려면 넘어서야 할 산이 있다.

먼저, 일의 의미와 즐거움을 앗아가는 현실의 절박함이 있다. 장성한 자녀가 독립하지 않고 부모 주변을 기웃거린다. 이만하면 충분히 잘 키우고 공부시켰다고 생각했는데 전직을 위한 진학이다 유학이다 하며 손을 벌린다. 그러다 결혼을 할 무렵 왕창 뜯어간다. 출가한 후에도 사업이니 뭐니 하며 큰돈을 요구하는 사례도 적지 않다. 이렇게 한 몫씩 챙긴 후에는 가시고기처럼 뼈만 앙상하게 남은 부모를 돌아보지 않는다. 슬프고 부끄러운 풍속도이다. 한국의 중장년들은 자녀를 뒷바라지하기 위해 오래도록 일한다. 그리고 자녀가 떠난 후에는 당신들의 생존을 위해 또 일한다. 우리의 역사와 문화적 전통과 현재 상황이

어우러져 생긴 이러한 복합적인 사회문제는 시급히 해결되어야 한다. 인식이 바뀌고 시스템이 개선되어야 한다. 그리고 부모 세대 스스로 이런 강박관념에서 벗어나야 한다.

둘째, 계속 일하고 싶어하는 중장년들을 노리는 하이에나들이 존재한다. 한국 사회에서는 은퇴를 앞두고 새로운 경제생활을 시작하는 사람들에게 달콤한 목소리로 유혹하는 이들이 많다. 이에 대해서는 앞에서 자세히 다루었다.

셋째, 나이 든 사람이 일하기에 좋은 일자리가 턱없이 부족하다. 중장년층은 자신이 그동안 쌓아온 지식과 경험, 경륜과 지혜를 펼칠 수 있고 적정한 급여를 받을 수 있으며 사회적으로 가치 있고 계속 근로할 수 있는 일자리를 원하지만, 현실에서는 사회적 의미를 찾기 힘든 저임금 단순노무직 일자리가 단기 임시직의 형태로 주어질 뿐이다. 한국 고령자들의 절반 넘는 사람들이 농·어·축산업에서 일하고 26%는 단순노무직이며 12%는 서비스·판매직이다. 이에 비해 고위임원은 1%, 전문가는 2%, 사무직은 0.3%밖에 되지 않는다.

정부가 야심차게 추진한 노인 일자리 창출 사업을 보면 심각한 상황이 적나라하게 드러난다. 창출된 20만 개 가까운 일자리 중 90%는 월 20만 원, 7개월의 한시적 일자리였으며 나머지 10%도 소득이 일정하지 못한 일용직이었다. 결과적으로 노인의 시간 보내기 사업으로 전락한 셈이다. 이런 현실에서 나이 들어 열심히 의미 있게 일하는 것은 우리 사회에서는 이루기 힘든 꿈일까?

아름답게 일하며 늙어가는 법

나이 들어 일하는 데 현실적 어려움이 존재한다고 해서 지레 겁을 먹고 일을 포기할 필요는 없다. 그것은 극복해야 할 과제이지, 좌절할 이유는 아니다. 잭 웰치의 말처럼 사람들이 실패하는 진짜 이유는 너무 빨리 포기하기 때문이다. 차근차근 노년의 일을 준비한다면 기회는 열려 있다.

먼저 자신감과 긍정적 사고가 필요하다. 사회적 여건이 많이 개선되었다. 60세 정년 법제화는 이를 상징적으로 보여준다. 인식도 점점 좋아지고 있다. 기업 인사 담당자들은 숙련된 장년층이 오래도록 일하는 것이 회사에 이익이라는 분석을 내놓고 있다. 또한, 인구구조에 변화에 따라 일 할 사람이 부족해질 날도 머지않았다. 한국의 중노년층들은 과거에 비해 교육 수준이 높고 신체적으로도 건강하다. 장기적으로 볼 때 한국 사회는 나이 든 사람이 더 많이 일하기를 바라며 더 좋은 일자리를 내놓을 가능성이 크다. 이런 점을 믿고 앞으로의 일에 대해 미리 준비해야 한다.

둘째, 노년의 일을 준비함에 있어 최선을 다해야 한다. 준비를 게을리하다가 퇴직을 맞이하면 선택의 폭이 너무 좁다. 당장의 현실에 떠

밀려 좋지 않은 일자리를 울며 겨자먹기식으로 선택해야 할 수도 있다. 교육에 극성인 엄마가 자녀의 입시 정보를 탐색하듯 정보를 총동원하여 일자리를 탐색해야 한다. 그리고 마치 젊은이가 첫 직장에 취업하기 위해 땀 흘려 노력하듯 구직활동을 해야 한다. 준비 기간은 길면 길수록 좋다. 현재 일의 연속이든 새로운 일이든 직무능력을 쌓는 훈련이 필요하다. 관련 직무와 관련해 경력과 실적, 스토리를 창조하며 커리어 관리도 해야 한다. 정보와 인적 네트워크를 총동원한 적극적인 구직 활동도 필수적이다. 이렇게 혼신을 다해 준비하면 나이 들어 즐겁게 일하기 위한 충분한 경쟁력을 쌓을 수 있다.

셋째, 리스크에 대비해야 한다. 크고 작은 속임수에 넘어가면 안 된다. 직접 발로 뛰고 관련 인물을 만나서 대화하며 입체적으로 확인해야 한다. 그리고 창업과 투자, 귀농 등 리스크가 큰 분야는 100% 확인하고 준비하여 확신이 섰을 때만 도전하는 것이 좋다. 큰 수입보다는 리스크가 낮은 분야를 우선적으로 고려하는 태도도 필요하다.

넷째, 더 낮아지고 젊어져야 한다. 일에서 정점을 찍은 후에는 그 자리에서 천천히 내려와야 한다. 그런 현실을 인정해야 오래 일할 수 있다. 기존의 지위와 대우는 잊고 '을'로 살 준비가 되어야 한다. 그리고 나이는 숫자에 불과하다고 인식해야 한다. 젊은이들과 자연스럽게 함께 어울려 일할 수 있으면 오래도록 행복하게 일할 수 있다.

발상의 전환이 필요하다

마지막으로 일과 직업에 대한 발상의 전환을 이야기하고 싶다. 일자리에 대해 틀에 박힌 사고를 갖고 있으면 창조적인 선택이 어렵다. 이미 주어진 직업만 고집하다가는 변화에 도태될 수 있다. '창업' 대신 '창직'을 고려해보면 어떨까? 구체적인 사례를 몇 가지 보자.

단순한 직무에 새로운 서비스를 결합하면 창직이 일어난다. 택시 운전은 단순한 일처럼 보인다. 그런데 경북 경주의 택시기사 중에는 문화재해설사 자격을 갖춘 이들이 많다. 그들은 유적지를 소개, 안내하는 프리미엄 관광가이드 역할을 한다. 추어탕이나 복국 같은 옛 요리를 잘하는 어느 할머니는 식당을 차리는 전통적 방식 대신 체험교실을 열었다. 주부들이 직접 만들면서 배우는 일종의 교육 프로그램을 만들었는데 참여한 사람들의 반응이 좋아 활기를 띠고 있다고 한다. 자신의 경험과 지식을 살린 서비스를 만들어 여러 회사에 제공하는 새로운 직업도 생각해볼 수 있다. 출판업은 종사자 수가 적고 영세한 사업장이 많은 분야이다. 이런 쪽에서 은퇴한 사람에게 기회가 적을 것 같지만 반드시 그런 것은 아니다. 매일 국내외 언론 매체를 통해 이 분야의 정보를 취합한 후 여러 회사에 제공하는 CP(Contents Provider)를 하며 소득도 올리고 전문성을 실현하는 분도 있다.

사회봉사와 직업을 연계한 NPO(Non-Profit Organization) 경영도 고

려해볼 만하다. 비영리단체로 사회에 기여하며 소득을 올리는 것이다. 이를 위해서는 어떤 사회서비스 수요가 존재하는지, 내가 전문성을 살릴 수 있는 분야가 무엇인지를 파악해야 한다. 또한, 지원을 받을 수 있는 사람들 및 조직, 정부기관들과의 인적 관계를 형성하는 것이 중요하다.

나이 든 사람들의 일은 미래로 열려 있다. 만만치 않은 현실 장벽이 있지만, 사회적으로나 개인적으로 충분히 극복할 수 있다. 여기에 지혜와 창조성이 발휘된다면 평생 은퇴하지 않는 당당한 직업인으로 아름다운 삶을 살 수 있을 것이다.

은퇴,
새롭게 열린 삶의 가능성

구약성서에는 은퇴 후 새로운 삶을 산 인상적인 인물이 한 사람 등장한다. 이집트의 노예로 고통받던 이스라엘 민족들을 해방의 길로 이끈 모세이다. 그의 인생은 세 단계로 나뉜다. 먼저 태어나서 40세까지는 이집트 왕궁에서 성장기를 보낸다. 그 이후 80세까지는 광야로 나가서 목축업을 하는 직장생활을 한다. 그리고 80세에 신의 부름을 받고 이스라엘 독립투쟁에 나선다. 그는 이때 지팡이에 의지해야 하는 80세의 노인이었지만 이스라엘의 가나안 진입을 눈앞에 둔 120세까지 민족 지도자의 사명을 수행했다.

나는 40년 단위로 구성된 모세의 삶을 현재 우리나라의 생활에 맞게 30년 단위로 재구성해서 생각해보곤 한다. 30세까지 교육을 받으며 성장한다. 30세 이후부터 60세까지는 직장에서 일하는 등 경제활동을 한다. 그리고 60세 이후에 그동안 쌓아온 경륜과 통찰력, 지혜를 기반으로 새로운 도전에 나서는 것이 이상적이지 않을까?

모세의 일생에서 마지막 40년이 가장 빛났듯 현대 한국인의 삶에서도 은퇴 이후 찬란한 성취를 꽃피울 수 있으리라 본다. 이런 점에서 은퇴설계는 두려움에 가득 찬 수동적 성격을 벗어나야 한다. 아름다운 마지막을 위해 활력과 기대가 넘치는 적극적인 은퇴설계를 하며 열심히 그리고 즐겁게 은퇴 이후를 준비해야 한다. 잘 준비한다면 은퇴 이후 할 수 있는 새로운 도전거리를 많이 찾을 수 있으며 그 속에서 인류가 흠모할만한 업적을 나타낼 수도 있기 때문이다.

사회참여와 봉사활동

지미 카터는 제39대 재임 시절 인기 없는 대통령이었다. 그는 연임에 실패한 후 1981년 쓸쓸한 퇴임을 맞이했다. 설상가상(雪上加霜)으로 취임 전 신탁해두었던 개인 자산도 엉망이 되어 있었다. 미국 남서부에 가뭄이 들어 그의 땅콩 농장은 100만 달러 이상의 빚더미에 올라 있었다. 그래서 150년 동안 가문의 터전이었던 땅을 팔았고 한 채 남은 집마저도 저당 잡혀야 했다. 다른 비자발적 은퇴자들처럼 그도 힘겹게 은퇴 후 생활을 시작할 수밖에 없는 처지였다.

그러나 그는 그 이후 성공적인 삶을 살았다. 대통령 재임 시절의 경험과 지혜, 인맥을 바탕으로 중동과 한반도 평화를 위한 중재 활동을 전개했고 카터연구소를 설립해 에티오피아의 말라리아 퇴치 사업 등 공익운동을 펼쳤다. 지속 가능한 농업, 공동체 발전, 사형제도 폐지, 빈곤층 주택 개선 사업(Habitat for Humanity) 등 다양한 분야에서 활동했다. 그는 세계 평화와 인권, 빈곤 퇴치에 이바지한 공로를 인정받아 2002년 노벨 평화상을 받았다. 정치 평론가들은 그를 '가장 위대한 퇴임 대통령'이라 부른다.

나는 대학 졸업 후 국회 입법보좌관으로 사회생활을 시작했다. 그리고 한국은퇴설계연구소를 설립하기 전 잠시 대통령선거운동본부에서 역할을 맡아 일했다. 그때 많은 은퇴자가 정치와 사회활동에 관심을 두고 정열적으로 참여하고 있음을 보았다. 물론 현재 이분들은 보수적인 성향이 강하고 특정 정당이나 이념에 쏠린 모습을 보이고 있다. 그러나 이는 세대적 특징으로 보인다. 베이비붐 세대 은퇴가 시작된 지금부터는 더 다양한 색채를 띤 다양한 분야에서 은퇴자들의 사회 참여가 활발해지리라 기대한다.

많은 사회단체가 실무 인력 부족을 겪고 있다. 여러 면에서 발전하긴 했지만, 우리 사회의 NGO에 대한 인식은 그리 높지 않다. 상근자들의 급여도 낮은 편이고 처음에 사명감과 열의를 갖고 투신했던 젊은 이들이 중도에 이탈하는 경우도 많다.

한 NGO에서 활동하는 내 선배는 경험과 지식, 문제해결 능력이 뛰어난 은퇴자의 참여가 큰 힘이 된다고 말했다. 그리고 은퇴자의 NGO 참여가 늘고 있는데 이런 경향이 더 확산된다면 사회운동과 봉사에 새로운 활력을 불러일으킬 수 있을 것이라고 기대했다.

우리 사회가 성숙하면서 봉사활동의 수와 질도 조금씩 발전하고 있다. 사회단체, 봉사단체, 종교기관 등과 연계해서 혹은 개인적으로 봉사활동에 참여하는 은퇴자도 늘고 있다. 봉사의 현장에서는 은퇴한 전문가가 미담의 주인공이 되기도 한다. 조선일보 기자, KBS 기자를 거쳐 KBS 영상사업단 사장과 홍익대 광고홍보학부 교수를 역임한 후 은퇴한 이민희 전 교수는 70세 나이에 한 사이버대학 사회복지학과에 입학했다. 남은 시간 소외된 이웃을 잘 섬기기 위해서이다. 많은 이들이 그의 나이를 걱정하시만 성작 그분은 나이에 연연하지 않는다. 현재 그는 사단법인 사랑의복지재단 상임이사로 활발히 활동하며 봉사의 사명을 실천하고 있다.

노동부 차관과 노사정위원회 위원장을 거친 김성중 전 위원장이 은퇴하자마자 달려간 곳은 이주노동자를 돕는 복지단체 지구촌사랑나눔이었다. 그는 이름을 올리고 사진만 찍는 형식적 활동 대신 자신이 그동안 쌓아왔던 경험과 지식, 인맥을 총동원하여 헌신적으로 봉사함으로써 이주노동자의 진정한 친구가 되고 있다.

공무원연금, 교원연금, 군인연금 등을 수령하여 은퇴자금에 비교적 여유가 있는 분들은 은퇴 후 경제활동 대신 자신의 경험과 지식을 활용하여 사회에 이바지하는 봉사활동을 선택하기에 비교적 유리하다.

봉사와 경제적 수입을 연계할 수도 있다. 사회단체의 상근자로 활동하며 적으나마 정기적인 급여를 받을 수도 있고 앞에서 말한 NPO 경영, 사회적 기업과 협동조합 등도 고려할만한 대안이다. 그렇지만 무엇 하나 쉬운 일은 없다. 모두 그 나름의 철저한 공부와 준비, 훈련이 필요하다. 은퇴 이전에 깊은 관심을 두고 차근차근 준비해나가야 효과적이다.

봉사를 통해 자신의 지식과 경험, 능력을 펼치는 것. 이것이야말로 다음 세대를 위한 최고의 유산이 아닐까?

예순, 새로운 공부를 시작할 나이

'평생학습'이라는 단어가 등장한 지 이미 오래되었다. 급격히 변화하는 세상에서 교육과 학습은 어느 특정 시기에만 이루어지지 않는다. 누구나 새롭게 등장한 지식과 기술을 연마해야 한다. 은퇴자도 마찬가지다. 공부할 것은 널려 있으며 매일 새롭게 탄생한다.

평생교육을 위한 시스템도 점점 늘어나고 있다. 각급 대학과 직업훈련기관 지역자치단체, 사회단체와 종교단체, 언론기관 등과 방송, 인터넷을 활용한 원격교육기관이 평생교육을 위한 다양한 프로그램을 운영하고 있다. 정규 학위 프로그램을 비롯하여 인문학, 사회과학 등의 학문 영역에서부터 전자, 기계, 건설, 컴퓨터, 농업 등의 직업 기능 분야, 예술과 취미에 이르기까지 무수한 교육이 이루어진다. 조금만 관심을 두면 공부할 것을 쉽게 찾을 수 있다. 이런 기회를 살려 은퇴 전에도 은퇴를 위해 공부하고 은퇴 후에도 끊임없이 학습하는 멋진 전형을 만들 수 있다.

앞에서 지미 카터 대통령의 퇴임 후의 멋진 삶을 이야기했다. 그 멋진 삶은 학습에 의해 뒷받침되었다. 그는 은퇴 후 '배움의 가치'를 역설했고 자신이 무엇을 배웠는지, 지금 배우고 있는지를 강조했다. 그는 자신의 저술에서 퇴임 후 낚시, 등산, 조류 관찰, 스키, 테니스, 저술, 목공, 사냥을 새롭게 배웠음을 자세히 쓰기도 했다.

도서관은 은퇴를 준비하고 은퇴생활을 시작하기에 무척 좋은 장소이다. 넓게는 인간 삶의 근본적 영역에서 좁게는 자신이 관심을 둔 직업이나 기술 영역에서 충분한 정보를 얻으며 심사숙고할 기회를 갖게 되기 때문이다. 그리고 도서관이라는 공간이 주는 매력과 독서 그 자체의 독특한 행복을 만끽할 수도 있다. 깊이 있는 독서를 통해 연구자로서 은퇴생활을 전개할 수도 있고 집필을 위한 역량을 쌓게 된다.

집필은 은퇴 후에 도전해볼 만한 대표적 영역이다. 자신의 삶, 특정 분야에서 축적해온 지식정보와 경험, 통찰력 등을 책을 통해 정리하는 것은 의미 있는 도전이다. 집필과 출판을 너무 어렵고 거창하며 돈이 많이 드는 일로 생각할 필요도 없다. 방법론과 기술, 프로세스를 익히면 가능한 방법이 많이 있다. 우리 연구소도 은퇴자를 위한 집필 및 출판 지원 시스템을 마련해서 운영할 계획을 가지고 있다.

은퇴 후 펼쳐진 예술가의 삶

농장에서 농사를 지으며 평범한 생활을 하던 할머니가 있다. 남편과 사별한 후에는 농사일을 그만두고 딸의 집에서 소일거리 삼아 자수를 놓으며 지냈다. 그런데 관절염 때문에 바늘을 움직이는 것이 힘들어 그나마 덜 힘든 그림 그리기를 시작했다. 할머니가 72세 되던 해이다. 정규 미술교육을 전혀 받을 수 없었으므로 잡지나 그림엽서의 그림을 모방하는 것에서 시작했다. 그리고 과거의 추억을 떠올리며 농장 풍경 등을 그려나갔다. 그 할머니는 101세의 나이로 세상을 떠나기 전까지 무려 1,600점 이상의 작품을 남겼고 지금도 미국, 유럽과 일본 등 세계 각국에서 전시회가 열리고 있다. 미국의 국민 화가로 불리는 모지스 할머니(Grandma Moses)의 이야기이다.

예술가들은 성숙한 영혼을 갖게 된 노년기에 미학의 절정을 꽃피운다. 그뿐만 아니라 예술과는 전혀 상관없는 평범한 삶을 살던 사람들이 은퇴 후 예술가로 변모하기도 한다. 어쩌면 은퇴 후는 예술활동을 펼치기 좋은 시간인지도 모르겠다.

노인들로 구성된 합창단, 중창단, 오케스트라, 밴드 등을 자주 접할 수 있다. 시니어극단과 인형극단도 있고 은퇴 후 영화감독이 된 사람들이 있다. 서양화, 동양화나 서예, 조각 등의 미술에 도전하는 은퇴자들도 어렵지 않게 만난다.

예술은 삶의 의미와 활력을 준다. 창작에 참여하는 은퇴자뿐만 아니라 그것을 경험하는 이에게 감동을 준다. 긴 인생의 경험이 담긴 작품은 더욱 감동이 크다. 꼭 예술이 아니더라도 각종 취미활동은 무미건조할 수 있는 삶에 생기를 더해준다.

이런 예술과 취미활동은 미리 준비하면 훨씬 더 좋다. 은퇴 후 무기력에 빠지면 무언가 새로 시작하기 힘들 수도 있다. 은퇴 전의 예술 및 취미 활동이 은퇴 이후로 이어지는 것이 자연스럽다. 예술과 취미활동을 경제활동으로 확장할 수 있다. 취미가 은퇴 후 직업이 되는 것이다. 인터넷이나 전시를 통해 작품을 팔거나 공연 입장료 등을 받는 경우가 대표적이다. 대기업 중간관리자 출신의 한 사람은 은퇴 후 자신이 좋아하던 목공을 시작했는데 고객의 주문을 받아 제품을 생산하고 그 대가를 받고 있다. 이처럼 은퇴준비를 하며 예술활동과 취미의 의미를 다시 한번 생각해보며 다양한 가능성을 모색하는 것은 여러모로 유익하다.

전혀 준비가 없거나 수동적으로만 받아들인다면 은퇴 후의 삶은 무기력해질 수 있다. 어떤 면에서 수동적이고 아무런 의미 있는 활동이 없는 인생을 살게 될 수도 있다. 그러나 모험을 감수한다면 놀라운 대안이 존재한다. 새로운 자유를 즐길 수 있고 흥미진진하고 자극적인 모험에 뛰어들 수도 있다. 예전에 품었던 야망을 성취할 기회를 뒤늦게 얻게 된다. 만약 실수하더라도 괜찮다. 미리 대비책을 세워두고 다른 해결책을 모색할 수도 있다. 그러니 걱정하면서 아무것도 하지 않는 것보다는 적극 도전하는 것이 훨씬 더 낫다.

건강한
아름다움

진정한 건강

현대인의 삶에서 건강이란 무엇일까? 질병이나 장애가 없다면 건강한 걸까? 세계보건기구(WHO)는 폭넓은 의미에서 건강을 정의했다.

"건강이란 질병이 없거나 허약하지 않은 것만 말하는 것이 아니라 신체적·정신적·사회적으로 완전히 안녕한 상태에 놓여 있는 것(physical, mental and social wellbeing)을 의미한다."

이 정의는 매우 마음에 와 닿는다. 은퇴 후의 삶에서 추구하는 건강이란 '육체적 건강'의 범위를 뛰어넘는다. 정서적으로 안정되어 자신을 통제할 수 있으며 다른 사람들과 건전한 유대 관계를 맺으며 의미 있는 삶을 사는 상태가 바로 건강함이다.

이런 경지의 건강은 저절로 주어지는 것이 아니다. 성실하게 추구하고 노력함으로써 얻게 되는 결과이다. 그러므로 건강을 목표로 삼아야 하고 이를 유지하고 관리하기 위해서 최선을 다해야 한다.

건강 관리 주체는 의사가 아니라 나 자신

의학기술이 눈부신 발전을 거듭하고 있다. 병원과 제약회사들은 질병을 치료하고 생명을 연장하며 쾌적한 상태를 유지하는 데 결정적 역할을 하는 획기적 발견, 치료제, 첨단 의료기술을 속속 내놓고 있다. 그렇지만 이것으로 충분하지 않다.

건강을 유지하고 관리하는 최고의 주체는 바로 우리 자신이다. 전문가들은 신체적 이상이나 때 이른 죽음의 3분의 2 이상은 스스로 선택한 생활습관에 의해 야기된 것이라고 지적한다. 즉, 생활습관의 개선을 통해 예방하거나 늦출 수 있다는 것이다. 전문가들은 간단하지만 결정적인 몇 가지 충고를 한다.

① 담배를 피우지 마라.
② 적당한 체중을 유지하라.
③ 정기적으로 운동하라.
④ 소금, 설탕, 콜레스테롤, 포화 지방 함량이 높은 음식은 가능한 한 적

게 먹어라.

⑤ 적정한 양 이상의 음주를 피하라.

⑥ 지나치게 걱정하지 말고 자주 웃어라.

⑦ 정기적으로 건강 검진을 받아라.

이것들은 이미 우리가 잘 알고 있는 사항들이다. 하지만 제대로 실천하는 사람들은 소수에 지나지 않는다. 금연을 미루고 자극적인 음식을 즐기며 과음을 일삼는다. 시간 부족을 핑계로 운동에 게으르다. 체중이 증가해도 걱정하는 말만 할 뿐 구체적인 실천을 하지 않는다. 스트레스에 짓눌려 살고 결과가 걱정된다는 묘한 핑계를 대며 건강 검진을 건너뛰기 일쑤다. 그 결과 때 이른 죽음을 맞이하거나, 건강한 활력이 넘쳐야 할 시기를 질병과 함께 보내는 비참한 결과를 맞이한다.

의료 기술의 발전으로 질병의 원인이 상당 부분 드러났다. 당뇨병이나 AIDS 같은 난치병도 잘 관리하면서 증상을 약화시키거나 연기할 수 있게 되었다. 어떤 질병은 백신을 통해 예방할 수 있다. 암처럼 예전에는 생명을 앗아가던 중증 질환도 조기에 발견하면 비교적 쉽게 완치할 수 있는 단계로 접어들었다.

그러나 이런 지식과 기술을 제대로 활용하지 않으면 소용이 없다. 음주와 흡연의 생활습관, 잘못된 식생활을 계속하거나 신경 써서 정기적인 건강검진을 받지 않으면 무용지물이다. 건강에 대한 관심과 기본적인 실천이 무엇보다 중요하다. 자신의 현재 건강과 함께 미래의 건강을 돌보아야 한다. 이는 고령화 시대를 사는 현대인들에게 숭고한 의무와 같다.

건강 염려증에서 벗어나야

그러나 과도한 관심은 금물이다. 어떤 이들은 자신의 현재와 미래의 건강을 무책임하게 방치하는 삶을 산다. 그러나 건강에 지나치게 얽매여 사는 사람도 의외로 많이 볼 수 있다. 소위 건강 중독이나 염려증 수준이다.

우리 사회도 이를 부추긴다. TV를 켜면 의사, 한의사, 영양학자 등이 나와서 질병과 건강관리에 대해 이야기하는 프로그램이 늘 방영 중이다. 효소, 해독주스, 약주를 비롯한 각종 건강식품의 효능도 뜨거운 관심사로 떠오른다. 우리 사회 전체가 건강에 몰입하고 있는 느낌까지 든다.

건강을 위해 이 병원 저 병원을 떠돌고 각종 약병으로 찬장을 가득 채운다. 내 선배 중 한 사람은 아침에 일어나서 먹는 건강식품이 여덟 가지나 된다. 액체 상태의 것도 있고 알약도 있는데 다 먹고 나면 물배가 차서 배가 볼록해진다. 이런 방식은 효과가 없을뿐더러 대부분 부작용을 초래한다. 건강을 위한 노력이 과하면 오히려 건강을 해친다.

폐가 나쁜 어떤 사람이 폐에 좋다는 효소 식품을 먹었는데 그것이 독성이 강해 간 건강에 치명적인 영향을 주었다고 한다.

건강에 관한 문제는 무관심이 치명적 결과를 낳지만 과도한 관심과 무모한 행동도 좋은 결과를 이끌지 못한다. 간단한 건강관리 지침을 잘 지키고 의사의 처방을 따르는 단순한 실천이 건강관리의 모범답안이다.

아름다움에도 관심을 가져라

우리 연구소는 하부 조직으로 '100세 시대 뷰티 연구소'를 설립하여 운영하고 있다. "아무리 종합적 은퇴설계를 추구한다지만 미용 분야까지 관여하는 건 과하지 않느냐?"는 주변의 지적도 있었다. 하지만 나는 전혀 그렇지 않다고 생각한다. 나이가 들어갈수록 아름다움은 더 중요한 의미를 갖기 때문이다. 사람들의 관심도 수그러들지 않는다.

나이 든 사람에게 외적 아름다움은 자신감과 인간관계에 많은 영향을 끼친다. 미용을 위해 큰 비용이나 번거로운 활동 없이 할 수 있는 효과적인 실천들이 많이 존재한다. 이것을 잘 알리는 것이 우리 연구소의 중요한 일 중 하나가 되는 것은 매우 바람직하다고 생각한다.

남성이든 여성이든 은퇴 후, 나이가 들수록 품격 있는 아름다움을 유지해야 한다. 피부 관리도 잘하고 헤어스타일이나 옷차림에도 신경을 기울이는 것이 좋다. 사치를 하자는 말은 아니다. 은퇴 후라는 환경과 나이에 위축되지 않는 긍정적이고 자신감 넘치는 이미지를 창출하자는 의미이다.

은퇴설계는
사람이다

은퇴설계의 아킬레스건

한 지방공무원 부부를 은퇴설계한 적이 있다. 이미 보유한 금융자산도 풍부했고 부부의 공무원연금은 은퇴 후 생활에 충분한 수준이었다. 자녀들은 분가해서 안정적으로 일가를 이루었다. 일찍부터 나무를 키우며 귀촌 생활을 하겠다는 계획을 세웠고 해당 지역에 땅도 사놓았다. 부부가 함께 임업에 대한 교육도 받았고 이제 곧 아담한 전원주택을 지을 예정이라고 했다.

그런데 복병이 등장했다. 아들이 이혼소송 중인데 두 자녀를 양육할 것이라고 한다. 아무리 봐도 아들 혼자서 두 아이를 키우는 것은 불가능하다. 아들은 부모님이 손주를 맡아줄 것이라 기대하는 눈치

인데 교육을 위해 부부가 서울을 떠나지 않기를 바란다. 이 공무원 부부의 고민은 현재진행형이다.

가족 문제는 은퇴설계의 아킬레스건이다. 은퇴준비가 제아무리 잘되어 있어도 가족관계에 균열이 발생하면 모든 것이 뒤죽박죽된다. 황혼이혼은 은퇴설계에 치명적 결과를 낳는다. 특히 남성에게 더 그렇다. 아직 교육이 끝나지 않았거나, 미취업 상태에 있는 자녀, 그리고 결혼을 앞둔 자녀는 은퇴를 준비하는 데 큰 부담이다. 앞의 경우처럼 은퇴한 부모가 자녀의 육아를 맡아야 할 때는 지금까지의 은퇴준비가 무색해지기도 한다. 때로는 증여와 상속의 문제가 미리 불거져 가족관계에 심각한 균열이 생기기도 한다.

은퇴설계 상담을 하면서 가장 막막할 때가 가족관계에 관해 조언하는 상황이다. 경우가 모두 다르고 가족의 역사, 개인 가치관과 결단에 달린 미묘한 사안일 가능성이 크기 때문이다.

은퇴설계에서 가족, 특히 자녀의 문제에 대해서는 사회적으로도 어떤 철학의 공유가 필요한 시점이라고 본다. 은퇴자들의 선택이 한 경향으로 모일 때 그 흐름이 결정될 것이다. 개인적으로 판단하기에 한국의 은퇴자들에게 자녀는 너무 무거운 짐이다. 한 설문조사에서 은퇴설계를 제대로 하지 못한 이유로 "자녀교육의 부담이 너무 커서"라는 답변이 1위를 차지했다. 그런 점에서 특정 시점까지든, 아니면 특정 금액이든 책임의 기준을 미리 정하는 것이 좋겠다는 생각이다.

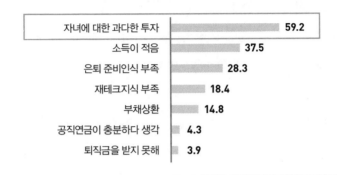

은퇴 후 자산준비를 못한 이유

자녀에 대한 과다한 투자	59.2
소득이 적음	37.5
은퇴 준비인식 부족	28.3
재테크지식 부족	18.4
부채상환	14.8
공직연금이 충분하다 생각	4.3
퇴직금을 받지 못해	3.9

자료: 미래에셋퇴직연금연구소

성인 자녀는 경제적·정신적으로 완전히 독립시키는 것이 자연스럽고 옳다. 끝도 없이 지원하고 돌본다면 부모의 삶도 피폐해지고 자녀역시 의존적 성향이 계속되어 홀로서기를 할 수 없게 된다. 각자의 삶에 충실할 수 있도록 기준을 정해 선을 긋는 뼈아픈 과정이 있어야 한다. 이것은 쉬운 일이 아니다. 상식적인 해결책이 제시되어도 그것을 결심하고 행동에 옮기까지 심적 고통이 동반되기 때문이다.

은퇴설계는 가족과 함께

은퇴 후의 삶에 대해 가족과 공유된 인식과 계획이 있다면 결심과 행동이 조금 더 쉽다. 그러나 복잡한 문제가 개입되는 것과는 관계없이 은퇴설계는 가족과 함께해야 한다. 은퇴에 대해 가족 간의 충분한 대화가 필요하다. 은퇴하는 사람이 그동안 해온 일의 의미, 성과에 대해 말하고 은퇴 후 생활과 자금계획, 거주지, 가족관계에서 변하는 점, 가족이 이해하고 도와주었으면 하는 점들이 사전에 충분히 토의되는 것이 좋다.

긴 시간 동안 자연스러운 대화의 과정을 통해 이런 화제가 거론된다면 더할 나위 없이 좋겠지만 그렇지 않은 상황에서 은퇴가 목전에 왔다면 집중적으로 대화할 시간을 마련할 필요가 있다. 가족 여행 등은 좋은 프로그램이다. 가족끼리 조촐한 은퇴식을 만들고 깊은 대화를 병행하는 것도 괜찮다.

가족들은 그동안 고생한 은퇴자에게 존경을 표시하고 격려한다. 은퇴자는 자신의 계획과 바라는 점을 솔직하고 구체적으로 이야기함으로써 오해가 발생하지 않게 한다. 이 속에서 가족 구성원이 각자의 역할과 책임을 분명하게 정하고 아주 특별한 변수가 발생하지 않는 한 그것을 지켜야 한다.

주로 남성 은퇴자들은 권위적인 성격을 갖기 쉽다. 이는 현재 한국 은퇴 세대의 특징적 성격이기도 하다. 일방적으로 밀어붙이기보다는 개방적인 자세로 의견(특히 아내의 생각)을 묻고 경청하며 수용하는 자세가 필요하다. 서로 뜻이 다른 부분이 있으면 배려심을 유지하면서 설득과 조정을 거쳐야 한다. 고집이나 위압적 자세는 전혀 도움이 되지 않는다.

　부부가 함께 은퇴설계를 하고, 이것을 자녀와 의논하며 준비과정에서도 가족 모두가 참여하는 일은 매우 중요하지만 자주 간과된다. 그러나 가족 간의 존중과 이해, 인식과 책임의 공유 속에서 은퇴준비가 진행된다면 바람직한 은퇴 후의 삶을 만드는 데 결정적인 기반이 될 수 있다.

소통 능력을 회복하라

　은퇴설계에서 인간관계를 맺고 유지하는 능력은 매우 중요하다. 은퇴준비 과정에서 반드시 이것을 몸에 익혀야 한다. 은퇴자들은 나이가 많다. 조직의 위계에서도 높은 위치에 있었을 가능성이 높다. 그래서 권위적이며 독단적으로 판단하고 일방적으로 지시하는 나쁜 습관이 몸에 배어 있는 경우가 많다. 은퇴 전의 조직에서 이것이 통할지 모르지만 은퇴 후 생활 현장에서는 받아들여지지 않는다. 그런데도 계속 그런 태도를 유지하면 소통을 이룰 수 없다. 전문가들이 주로 이야기하는 것을 종합하면 은퇴자가 소통 능력을 기르기 위해서 중요한 세 가지 원칙이 있다.

　첫째, 다양성을 인식하라. 사람의 기질과 성격을 구분하는 도구들은 많다. 현대 의학의 시원이 된 히포크라테스는 사람의 기질을 다혈

질, 점액질, 담즙질, 우울질의 네 가지로 나누었다. 한의학을 체계화한 이제마는 사람의 기질을 태양, 태음, 소양, 소음의 네 가지로 나누고 이를 다시 조합하여 16가지로 구분하였다. 그리스에서 유래된 애니어그램은 사람의 성격 유형을 아홉 가지 동물에 비유한다. 심리검사에서 비교적 많이 활용되는 MBTI는 사람의 성격을 16가지 유형으로 나눈다. 나는 이 중에 어떤 것이 가장 유용한지 잘 모른다. 하지만 분명한 사실 한 가지는 알고 있다. 모든 분석이 사람의 다양성을 전제로 하고 있다는 것이다. 그러므로 사람들이 생각하고 행동하는 방식이 나와 다를 수밖에 없음을 인정해야 한다. 차이를 개방적으로 받아들이는 자세에서 소통이 시작될 수 있다.

둘째, 낮아져라. 은퇴 전의 지위에서 내려와야 한다. 은퇴 이후에도 심리적으로는 계속 그 자리에 앉아 있는 사람이 많다. 그러나 사람들은 나의 전직을 의식하지도 않는다. 지금 현재를 기준으로 나를 대한다. 과거의 나와 현재의 내가 충돌하면서 소통의 혼선이 생긴다. 은퇴 후에 맞이한 새로운 일은 더 낮은 지위일 수도 있다. 이때 그 자리에서 격의 없이 소통하고 의논해야 한다. 은퇴준비를 하며 계속 낮아지는 연습을 해야 한다.

셋째, 젊어져라. 나이 든 사람은 어떠해야 한다는 고정관념을 탈피해야 한다. 은퇴 후 새로운 일터에서 젊은이들과 함께 어울려 일해야 한다. 그 사고방식조차 이해할 수 없고 접근하기 힘든 사람은 아무도

반기지 않을 것이다.

은퇴 후 삶을 준비하는 것 특히, 새로운 직업을 준비하는 과정 중 중요한 한 가지 분야는 소통 능력의 함양이다. 이를 위한 현실적 기준이 있다. 나보다 훨씬 젊은 팀장 휘하에서 실무자로 근무하는 상황을 전제로 삼는 것이다. 그 젊은 팀장이 나에게 편하게 임무를 부여하고 보고를 받고 함께 의논하고 때로는 어울려 놀며 팀워크를 다질 수 있는 사람이 되어야 한다. 그러기 위해서는 더 낮아지고 젊어지는 훈련이 필요하다.

감사의 말

고백하건대 이 책은 나의 것이 아니다.

한국은퇴설계연구소를 설립하고 일하면서 수많은 분을 만났다. 본격적인 은퇴준비에 대해 고민하는 분들에서부터 은퇴 후에 자신의 준비가 부족했음을 깨닫고 그것을 바로잡고자 애쓰는 분들, 열정과 헌신으로 은퇴 후 삶의 새로운 전형을 보여주는 분들과 다양한 대화를 나누었으며 큰 가르침을 받았다. 이 책에는 그분들의 경험과 지혜, 통찰력이 들어 있다. 이 책의 진정한 저자는 바로 그분들이다. 나는 그분들에 빚졌다. 한국 은퇴설계의 새로운 길을 열겠다는 야심 찬 각오를 이루어가는 것이 이 빚을 갚는 유일한 방법이라 생각한다.

출판을 위해 애써준 한스컨텐츠에 감사한다. 특히, 부족한 원고를 인내심을 갖고 잘 다듬어준 김미화·김연정 편집자와 책을 예쁘게 만들어준 주은영·정윤선 디자이너에게 무척 고마운 마음이다.

내 비전이 담긴 사업계획서 한 장만 믿고 험난한 길에 함께 해준 이열 부대표, 컨텐츠사업부문 최준석 이사에게 감사의 마음을 전한다. 소중한 동료 김선자·한은진·정현진 님께도 감사한다. 이분들은 나에게 사업 파트너를 넘어 든든한 형제자매와 같은 존재이다.

한국은퇴설계연구소가 자리를 잡기까지 아낌없는 지원을 해주신 iFA 문성수 회장님과 이준호 대표께 이 자리를 빌려 깊은 감사의 말씀을 드린다. 이분들은 내가 새로운 분야를 집중해서 연구하며 대안적 사업 방향을 잡고 실천에 나설 수 있도록 자신감을 심어주었을 뿐 아니라 그 토대까지 닦아주었다. 또한 연구소 설립 초기부터 아낌없는 성원을 다해주신 조희연 님께 감사드린다.

나의 아버지와 어머니는 은퇴 후 삶의 아름다운 모습을 몸으로 보여주셨다. 늘 나를 위해 기도해주시며 인생의 멘토로서 조언과 지지를 아끼지 않으신 부모님께 사랑한다는 말씀을 드린다. 한결같은 애정과 격려로 나를 지탱하는 가족에게도 사랑의 인사를 보낸다.

마지막으로 내게 생명을 주시고 나를 이끄시는 하나님께 감사드린다.

은퇴설계를 위해
정말 10억이 필요합니까?

1판 1쇄 인쇄 2013년 10월 17일
1판 1쇄 발행 2013년 10월 24일

지은이 권도형
펴낸이 최준석

펴낸 곳 한스컨텐츠㈜
주소 (우 121-894) 서울시 마포구 서교동 464-46 서강빌딩 401호
전화 02-322-7970 팩스 02-322-0058
출판신고번호 제313-2004-000096호 신고일자 2004년 4월 21일

ISBN 978-89-92008-55-6 (13320)